男孩缺乏阳刚气，
爸妈怎么办

刘川 著

中国华侨出版社

图书在版编目（CIP）数据

男孩缺乏阳刚气，爸妈怎么办 / 刘川著. —北京：中国华侨出版社，2017.5

ISBN 978-7-5113-6813-3

Ⅰ.①男… Ⅱ.①刘… Ⅲ.①男性—家庭教育 Ⅳ.①G78

中国版本图书馆CIP数据核字（2017）112712号

●**男孩缺乏阳刚气，爸妈怎么办**

著　　者/刘　川
责任编辑/文　蕾
封面设计/一个人·设计
经　　销/新华书店
开　　本/710毫米×1000毫米　1/16　印张/17　字数/230千字
印　　刷/北京溢漾印刷有限公司
版　　次/2017年7月第1版　2017年7月第1次印刷
书　　号/ISBN 978-7-5113-6813-3
定　　价/34.80元

中国华侨出版社　北京市朝阳区静安里26号通成达大厦3层　邮编100028
法律顾问：陈鹰律师事务所
编辑部：（010）64443056　　64443979
发行部：（010）64443051　　传真：64439708
网　　址：www.oveaschin.com
E-mail：oveaschin@sina.com

前言
PREFACE

那天有个老同学在微信群里发文,说夫妻俩为了孩子的教育问题真是下了很大功夫。在最近的一堂外教英文公开课上,当老师问小朋友们长大后想干什么时,她的儿子回答说:"I want to be a woman(我想成为女人)."妈妈知道儿子的回答以后吃惊极了,联想到儿子平时的胆小怯懦、缺乏自信等表现,她真的是着急了。

此话题一出,平时默默无言的同学群顿时活跃了。

美女娜娜说:"我觉得我儿子不够阳光,有点女孩性格。"她儿子今年八岁,因为丈夫经常出差,在家的时间少,所以大多时候都只是她一个人陪着孩子。亲戚方面,住得近的家里都是女孩,孩子平时就和这些表姐表妹一起玩耍。她觉得孩子性格柔弱,爱耍小性子,斤斤计较,她还半开玩笑半忧虑地说:"现在真担心孩子长大以后会是个娘娘腔。"

吴妹妹结婚比较早,她儿子现在都快上初中了,可每天晚上睡觉还要拉着她的手才能睡着。她有点无奈又有点气愤地说:"孩子从小就相当斯文,秀秀气气的,老师就说他像个女孩子。上了小学以后,有时和同学发生矛盾,他就只有哭的份儿。你们说这孩子长大以后能撑起一个家吗?"

这时,在初中任教的大明也发言了,春天的时候学校组织春游,他班里的一个男生竟然因为觉得背包太重跟不上队伍,一个女生见后,主动背起了这个男生的书包。这个细节,引发了老师们的探讨:现在的男孩,是不是越来越不像男孩子了？

事实上，这也是国内教育学家普遍关注的问题。现在，我们可以看到，宅男、啃老族、阴柔男越来越多，女主外、女当家、女汉子屡见不鲜，男儿身上的志气越来越少，稚气却越来越多，许多男孩在家里是宝，到了外面就成了草。现在，男孩子缺乏阳刚之气的问题，已经引起了社会各界的普遍担忧。

"这个时代，男孩吃苦太少，享受太多，导致男孩子越来越缺少阳刚。要解决这个社会问题，首先是要在男孩心目中树立一种责任感。"大明最后如是说道。他甚至觉得应该设立一个"男孩节"，在这个节日里，学校或家庭组织一些活动，让男孩充分展现自己的个性，激发他们的男子汉气概。

基于以上情况，我们编写了这本书。本书以关爱男孩成长为主题，借鉴西点军校培养优秀军人的严谨方法，从承担责任、坚强果敢、积极进取、珍视荣誉、尝试冒险、培养领导力等方面展开内容，透过简洁有力的讲解教会父母培养、激发孩子的男子气概。这是一本写给望子成龙却忧心忡忡的父母们的书，它能帮助您教男孩学会坚强、自立，帮助他们树立积极的人生态度及坚定的人生信念，并最终在各自的人生道路上收获成功。

目 录
CONTENTS

第 1 课　责任

男子汉守则 没有责任感的人，不是合格的人

◎ 家教承接：男孩子，就要负起责任来 / 004

1. 男孩的责任感要从小培养 / 004
2. 教会孩子为过错承担责任 / 007
3. 让孩子主动为错误道歉 / 009
4. "富"孩子也要早当家 / 012
5. 扮弱，让孩子学会关爱 / 014

第 2 课　纪律

男子汉守则 节制是一种秩序，是成就的第一条件

◎ 家教承接：现在能自律，将来不放纵 / 020

1. 巧治男孩的暴脾气 / 020
2. 冷对孩子的无理取闹 / 022
3. 让散漫男孩学会自我管理 / 024

001

4. 培养男孩抵抗诱惑的能力 / 027

5. 引导孩子自己去反省错误 / 028

第3课　信念

男子汉守则 没有信念的孩子，就像没有翅膀的鸟儿

◎ 家教承接：自信男孩，才能主宰自己命运 / 034

1. 每个孩子都可以成为天才 / 034
2. 让男孩顺着阳刚天性成长 / 038
3. 有自信的孩子才有美好的未来 / 039
4. 赏识会让孩子更有出息 / 043
5. 允许孩子有"自我优越感" / 045

第4课　意志

男子汉守则 百折不断，才是利剑

◎ 家教承接：男孩皮实些，长得更茁壮 / 052

1. 溺爱其实是一种残害 / 052
2. 男孩不能生活得太顺 / 055
3. 适应能力要从小抓起 / 058
4. 帮助孩子将压力化为动力 / 061
5. 巧妙激发孩子的好胜心 / 064

第5课 勇气

男子汉守则 没有勇气，就没有胜利

◎ 家教承接：男孩要勇敢，未来才丰满 / 070

1. 孩子的胆识取决于父母 / 070
2. 于生活细处培养勇敢精神 / 073
3. 不要打击男孩那颗英雄心 / 076
4. 给孩子找几个英雄来崇拜 / 079
5. 告诉男孩不要怕犯错 / 082

第6课 领导力

男子汉守则 领导艺术是赢得战争的关键

◎ 家教承接：从小培养男孩的领袖才能 / 088

1. 从小就要培养男孩的使命感 / 088
2. 于细微处培养男孩领导力 / 091
3. 适当地被孩子去领导 / 094
4. 实现男孩的"将军梦" / 098
5. 激励男孩去"打头阵" / 101

第7课　冒险精神

男子汉守则 步出行列，成功的就是你

◎ 家教承接：放手去爱，男孩就要有闯劲 / 106

1. 不要把男孩养成乖乖宝 / 106
2. 让怕羞的孩子大方起来 / 109
3. 鼓励孩子有冒险精神 / 111
4. 教育男孩要敢于迎接挑战 / 114
5. 为孩子的冒险上好"保险" / 117

第8课　合作意识

男子汉守则 联合起来可以战胜一切

◎ 家教承接：别让孩子成为"独行侠" / 124

1. 善于交际的男孩易成功 / 124
2. 从小让男孩学会与人分享 / 126
3. 培养男孩结交朋友的能力 / 129
4. 从小培养男孩的合作精神 / 132
5. 对独生子进行团结协作教育 / 135

目录 CONTENTS

第9课 果断

男子汉守则 一个行动胜过一打计划

◎ 家教承接：没决断力的男孩难成大器 / 142

1. 指导男孩学会规划生活 / 142
2. 培养孩子的时间意识 / 145
3. 在生活中教育男孩果断选择 / 148
4. 教会孩子善于抓住眼前事物 / 151

第10课 尊重

男子汉守则 尊重才能赢得尊重

◎ 家教承接：抓好礼仪教育，培养小小绅士 / 156

1. 教孩子懂礼貌先从自己做起 / 156
2. 从点滴处培养男孩礼貌习惯 / 159
3. 告诉孩子不该说的话不要说 / 161
4. 帮孩子分清勇敢与粗暴的区别 / 164
5. 让孩子学会感恩与致谢 / 166

第11课 独立

男子汉守则 能帮助自己的，只有自己

◎ 家教承接：包揽，是对孩子的一种伤害 / 172

1. 父母不能永远充当孩子的保护伞 / 172
2. 教孩子独立而不是替孩子做事 / 174
3. 尽量不给他能够依赖的机会 / 177
4. 尝试让孩子帮你解决问题 / 182
5. 让男孩为自己撑起一片天 / 185

第12课 求知

男子汉守则 学习是终身的事情

◎ 家教承接：教会孩子自主学习的能力 / 192

1. 引导孩子在思考中成长 / 192
2. 启发孩子在观察中见到不平常 / 195
3. 让孩子在专注中提高学习成绩 / 198
4. 帮助孩子推开记忆的大门 / 202
5. 培养孩子持久学习的精神 / 206

目录 CONTENTS

第13课　创新

男子汉守则 敢于创新的人，才能争取到主动

◎ 家教承接：创新让孩子拥有超越常人的机会 / 212

1. 不要忽略孩子心中的"大问题" / 212
2. 把淘气包的聪明潜力开发出来 / 214
3. 鼓励孩子玩出花样儿来 / 217
4. 不要害怕孩子搞"破坏" / 220
5. 让想象的翅膀带着孩子高飞 / 223

第14课　正直

男子汉守则 荣誉就是生命

◎ 家教承接：孩子人格的完善是教育之根本 / 230

1. 培养男孩做一个心胸宽广之人 / 230
2. 让孩子成为一个正直的男子汉 / 232
3. 诚实是男孩重要的德行之一 / 235
4. 从小培养男孩谦让的品格 / 238
5. E.留住孩子善良和同情的天性 / 241

第 *1* 课

责 任

男子汉守则

没有责任感的人，不是合格的人

1962年5月，美国陆军五星上将道格拉斯·麦克阿瑟应邀来到母校——美国西点军校，做了他一生最后一次也是最感人的一次演讲——《责任、荣誉、国家》，其中一段尤其感人，他讲道：

"那是一个美国士兵的故事。我对他的估价是多年前在战场上形成的，至今没有改变。那时，我把他看作是世界上最高尚的人；现在，我仍然这样看他。他不仅是一个军事品德最优秀的人，而且也是一个最纯洁的人。他的名字与威望是每一个美国公民的骄傲。在青壮年时期，他献出了一切人类所赋予的爱情与忠贞。他不需要我及其他人的颂扬，因为他已用自己的鲜血在敌人的胸前谱写了自传。可是，当我想到他在灾难中的坚忍，在战火里的勇气，在胜利时的谦虚，我满怀的赞美之情不禁油然而生。他在历史上已成为一位成功爱国者的伟大典范；他在未来将成为子孙认识解放与自由的教导者；现在，他把美德与成就献给我们。在数十次战役中，在上百个战场上，在成千堆营火旁，我目睹他坚韧不拔的不朽精神，热爱祖国的自我克制以及不可战胜的坚定决心，这些已经把他的形象铭刻在他的人民心中。从世界的这一端到另一端，他已经深深地为那勇敢的美酒所陶醉。

"当我听到合唱队唱的这些歌曲，我记忆的目光看到第一次世界大战中步履蹒跚的小分队，从湿淋淋的黄昏到细雨蒙蒙的黎明，在透湿的背包的重负下疲惫不堪地行军，沉重的脚踝深深地踏在炮弹轰震过的泥泞路上，与敌人进行你死我活的战斗。他们嘴唇发青，浑身污泥，在风雨中战斗着，从家里被赶到敌人面前，许多人还被赶到上帝的审判席上。我不了解他们生得高贵，可我知道他们死得光荣。他们从不犹豫，毫无怨恨，满怀信心，嘴边叨念着继续战斗，直到看到胜利的希望才合上双眼。这一切都是为了它们——责任——荣誉——国家。当我们在寻找光明与真理的道路上时，他们一直在流血、挥汗、洒泪。"

自此，"责任、荣誉、国家"这六个大字，便成了西点军校的校训。它是西点精神的结晶，是西点军人引为骄傲的座右铭。

责任是西点军校对学员的基本要求。它要求所有的学员从入校的那天起，都要以服务的精神自觉自愿地去做那些应该做的事，都有义务、有责任履行自己的职责，而且在履行职责时，其出发点不应是为了获得奖赏或避免惩罚，而是出于发自内心的责任感。正是西点军校多年来向其学员实施的责任感教育，为学员毕业后忠实地履行报效祖国的职责和义务奠定了坚实的思想基础。

西点学员一进学院就宣誓忠诚，接受所有特权，也承担相应的义务，决不容忍有损荣誉的行为。而在生活中，每一个人都有自己的责任，做好自己的本职工作是必需的，否则在别人眼里你就是一个不负责、没承担的人。这样的人无论走到哪里都不会取得太大的成就，缺乏责任感的人是不会成功的。

"这仍是格兰特、谢尔曼、谢里登、斯科菲尔德和霍华德的西点。这些伟人在他们到访期间给今天的西点打上了深深的烙印，他们以自我牺牲、坚守职责和荣誉的斗士精神，激励着我们。"西点又一位校长，著名将领约翰.J.潘兴将军如是说道。对于西点人而言，坚守责任就是坚守荣誉，不负责任绝对是一种耻辱。当一个国家将自己的安危托付给你，西点人认为这是最大的信任和荣耀，没有什么比坚守这个责任更重要。在西点人眼里，坚守责任永远是一件崇高的事情。

家教承接：男孩子，就要负起责任来

❶ 男孩的责任感要从小培养

责任感是人驱动自己一生勇往直前的动力，也是孩子成长中人格健全的重要因素之一。有责任感的男孩，会竭尽所能去完成该负的责任，并在勇往直前中创造出奇迹。

杰克从小就是个责任感非常强的孩子，他做事绝对不是根据自己的喜好，而是出于责任感。

杰克出身于一个音乐世家，从小就受到了很好的音乐启蒙教育，非常喜欢音乐，期望自己的一生能够驰骋在音乐的广阔天地，但他却阴差阳错地考进了大学的工商管理系。

一向认真的他，尽管不喜欢这一专业，可还是学得格外刻苦，每学期各科成绩均是优异。毕业时被保送到美国麻省理工学院攻读当时许多学生可望而不可即的MBA。后来，他又以优异的成绩拿到了经济管理专业的博士学位。

如今，他已是美国证券业界的风云人物，在被记者采访时依然心存遗憾地说："老实说，迄今为止，我仍不喜欢自己所从事的工作。如果能够让我重新选择，我会毫不犹豫地选择音乐。但我知道那只能是一个美好的假如了，我只能把手头的工作做好……"

第1课　责 任

记者直截了当地问他："既然你不喜欢你的专业，为何你学得那么棒？既然不喜欢眼下的工作，为何你又做得那么优秀？"

杰克的眼里闪着自信，十分明确地回答："因为我在那个位置上，那里有我应尽的职责，我必须认真对待。不管喜欢不喜欢，那都是我自己必须面对的，都没有理由草草应付，必须尽心尽力，尽职尽责，那不仅是对工作负责，也是对自己负责。有责任感可以创造奇迹。"

杰克的回答多好啊！正是因为拥有高度的责任感，许多杰出人士才在自己并非最喜欢和最理想的工作岗位上创造出了奇迹。

培养孩子的责任感要从小抓起，循序渐进。孩子还很小的时候，父母就要培养他们生活自理的能力，在他们成长的过程中，就要他们学习承担责任。

健健去少年宫排练节目，由于走时匆忙，忘了将排练时用的音乐磁带拿上。健健发现后连忙给妈妈打电话，恳请妈妈快快把磁带送来，以免耽误了节目排练。

"不行！"妈妈说得斩钉截铁，"自己的事情自己负责！"

"时间来不及了，妈妈，求求你了！"健健急出了满身大汗。

"这事没商量！"妈妈说着，便挂断了电话。

其实，当时妈妈正在家里休息，她并不是没有时间送去，而是要儿子承担这个责任。健健只好跑步回家拿了磁带，又急匆匆赶回了少年宫。老师的批评、同学的斥责，使健健自责而内疚。

从那以后，健健每次出门，都要检查自己的东西是否带齐。更难得的是，健健明白了他不仅要对自己负责，还要对老师和同学的信任负责。

从那以后，他逐渐对自己的事、学校的事、家里的事都产生了责任心。

005

家长要想培养孩子的责任感，就要从小抓起，从孩子的自立抓起。培养孩子的责任感，家长可以参考以下几点：

（1）根据孩子的年龄及能力赋予他们相应的责任

例如，上幼儿园的男孩要学会自己穿衣服、吃饭，帮妈妈拎购物袋；七八岁的男孩要学会自己收拾房间，自己叠被子，整理、修补自己的玩具、图书，帮助摆放全家用的餐具，饭后扫地、倒垃圾，打扫楼道等。不论是什么任务，父母都应该用孩子能理解的方式给孩子讲明，使他意识到自己有责任将它做好。

（2）给孩子自我服务、为他人服务的机会

生活中许多家长担心孩子做不好而代替包办，久而久之，孩子就会以为什么事都是大人的，和自己无关，没有一点责任感。所以，家长要给孩子自我服务、为他人服务的机会。

（3）尊重孩子的选择

只有家长尊重孩子的选择，孩子才会为自己的选择负责。但是，很多父母在"望子成龙"的期望中，总是处处为孩子安排，结果使孩子丧失了选择的能力，也不愿意为自己的行为负责。

（4）给予孩子充分的信任

父母要相信孩子有管理自己的能力，孩子的自主意识和独立精神就会大大增强，而在成功的体验中，孩子会获得更多的自信，从而更大胆地去承担责任。这种良性循环，有助于培养孩子良好的心理素质与独立行事的能力，有助于其责任心的形成和发展。

责任感是人的基本道德规范，在责任感的基础上才能架构整个道德体系的各种元素，没有责任感也就没有道德。因此，责任感在人的素质结构中处于核心地位。

❷ 教会孩子为过错承担责任

很少有父母能意识到这一点：让孩子为自己所犯下的错误承担责任也是一种处罚。大部分父母往往会这样做：孩子犯下错误后，父母赶快帮孩子弥补过失，事后再处罚孩子。其实这样教育孩子，效果并不会太好。在西方，每个孩子都很清楚地被要求对自己的行为承担责任，如果违反规则就要接受适当的教训。

亚历刚上大学时，爸爸和他约定：每月3号给亚历寄400美元的生活费。

第一次独立生活的亚历用钱既无计划也不节制。三天两头与同学到校园餐馆挥霍，看到喜欢的东西就买。结果第一个月还没过完，亚历的口袋里就只剩下几个钢镚儿叮当响了。

第一个月，爸爸容忍了儿子的无节制行为，提前把第二个月的生活费寄了过来。然而亚历却不知悔改，第二个月、第三个月仍旧早早就把钱挥霍完了。

终于，在离第四个月的收款日还有14天的时候，亚历的口袋里又只剩下27美元了。万般无奈之下，亚历只好拍了一封电报回家，内容简短明了："爸爸，我饿坏了。"爸爸很快回了电报，也非常简短："孩子，饿着吧！"

这实在是太奇妙了。在那之后只有27美元的14天里，亚历绞尽脑汁节衣缩食，花钱之前必会细细打算，竟然也把艰难的日子熬过去了。

从此以后，大手大脚的亚历开始精打细算，并且发现，其实只要稍稍节制一下不必要的支出，每月只要300美元生活费就足够了。这样一来，每个月亚历甚至可以积攒下一些钱。亚历用这些钱买了许多自己喜欢的书、磁带、唱片，做了一些比如自助旅游、捐款等有意义的事情，当然也没有忘记偶尔和朋友们到餐馆聚聚。

亚历的大学生活比以前过得充实而丰富了。

在这个故事里，爸爸给亚历的处罚是，让他自己承受错误造成的后果，这种处罚手段可以说是纠正孩子错误的良方，比责骂更能给孩子留下深刻印象，因为这种因果教训更能使孩子直观地看到自己的错误。

我们作为父母的目标就是让我们的孩子在生活中学会做人——引导、教育、帮助他们形成自我约束感——一种发自内心的对自我的制约，而不是来自外界的强制。任何不能使得孩子在生活中学习做人，不能维护孩子尊严的技巧都不能被称为约束，仅仅称得上是惩罚，不管它被包装得多好。

作为父母要下力气培养孩子的责任心，须知"责任存乎心，终生益无穷"。培育孩子的责任心，应从培养孩子的家庭责任心入手。家庭责任心主要是指能尊重其他家庭成员的权利，自愿承担家庭义务，为自己的行为承担责任，一个具有家庭责任心的孩子。

培养孩子的家庭责任感的根源在于父母是否具有家庭责任感，还在于父母是否给孩子练习的机会。假如你不是一个尽职尽责的父母，怎能对孩子进行责任心的教育呢？在一个父母专制的王国里，很难培养出有家庭责任感的孩子，因为父母对孩子管制得太多，控制得太死，使孩子没有机会就某件事做出负责的行为，孩子做事只是服从，听命于父母的意见。只有民主的家庭，才是家庭责任感生长的最佳环境。责任感是家里一旦需要额外帮助时，孩子能够主动发现并自主地做出反应。孩子受到重视，父母具有威信。要想改变孩子，应从改变自己开始。这是最关键的问题。在家庭生活中父母一定要赋予孩子责任，以便有针对性地进行教育。

（1）要教育孩子学会自我负责

对自己行为的后果负责。要善于抓住生活中的点滴小事，不论事情的结果好坏，只要是孩子的独立行为结果，就要鼓励孩子敢作敢当，不要逃避责任，应勇于承担责任的后果，父母不应替孩子承担一切，以免淡漠孩子的责任感。

（2）要从小为孩子创造机会

让他们在生活中懂得人与人之间需要互相帮助、互相支持。培养孩子关心自己的亲人与家庭事务。

（3）让孩子接触社会

父母还应该鼓励孩子接触社会，使孩子在接触社会中体会到被他人、被社会需要的乐趣。因为"被需要"是人的一种基本心理需求，能够在社会中发挥自己的作用，有助于进一步培养孩子的社会责任感。

3 让孩子主动为错误道歉

责任感的培养是少年健全人格不可缺少的部分，是能力发展的催化剂。对于子女的教育绝不能忽视这一点，否则会铸成孩子骄傲、放纵、粗暴、自私、事事依赖、缺乏主见等不良品格，在当今竞争与合作并存，机遇与挫折交错的社会就会被淘汰。

父母要让孩子明白：自己的言行会对别人产生什么样的影响，进而明白责任的完成与否对自己将来有什么作用。父母应该让孩子学会承担责任，当你的孩子说："现在的事情都是我自己选择的结果。""这件事情我做得很糟，是我没计划好，不过我会尽力弥补的。"那就表明孩子真正懂得了什么是责任。

平平和胖胖是一对好朋友，两人从幼儿园起就是同班同学了，然后又是小学的同班同学，现在升上初中了，又分在了一个班。他俩感情好得就像一个人一样。

可是牙齿还有咬到舌头的时候，这天这对好友吵架了。原来，胖胖向平平借了一支钢笔来写字，可是写着写着，却不知怎么坏了。平平可心疼了，这是爸爸从国外给平平带回来的，平时都舍不得用，现在借给胖胖用，谁知道他却没有保护好。平平埋怨道："这支笔我都舍不得用，现在可好，你却把它弄坏了。"

胖胖很抱歉，小心翼翼地说："对不起，我也不知道怎么就坏了。要不，要不我给你买一支新的吧？"

在气头上的平平说道："你上哪里去买呀？这是我爸在国外帮我买的……"

胖胖感到很委屈，咬着嘴唇说："是，我买不起，对不起了。"两个好朋友就这样因为这支钢笔吵翻了。

平平回到家，感到很失落。妈妈看到了，便上前询问："怎么啦，不是到胖胖家写作业了吗？回来就这个脸色？"

平平回答道："我刚才和胖胖吵架了，谁叫他不好好爱护我的钢笔。"

妈妈接过话茬儿："钢笔，就是那支你爸帮你买的钢笔吗？"

第1课 责任

"嗯。"

"哎哟,那是昨天你表弟弄坏的,我还没来得及和你说呢。"

平平这下急得都快要哭了:"你怎么不早说,害我错怪胖胖,怎么办?"平平一边跺脚,一边擦着眼泪。

妈妈看到儿子这般难过的情形,不知道如何是好,安慰着:"别哭了,要不,妈妈帮你去和胖胖说对不起,这总行了吧。宝贝,别哭了。"

很多父母总是喜欢帮孩子承担一切事情和烦恼,还有的父母甚至连子女的错误都要包揽在自己身上,要代替孩子给人道歉,故事里面的妈妈就是这样的人。这些父母不知道,这样的做法对于培养一个有责任感的孩子来说,是有百害而无一利的,会让孩子学会事事推卸责任,而不是勇敢地为自己的过失负责。

其实,当孩子在社会上遇到某种挫折时,正是培养孩子责任感的最佳机会。如果父母对孩子说:"妈妈代替你去说对不起……"反而会使孩子心中已经萌芽的责任感遭到坍塌,原本可以自己解决的问题反而变得复杂化了。

责任心的培养就是要从家庭到学校,从小事到大事,从具体到抽象。那么父母如何对孩子进行责任感的教育呢?

从小处着眼,让孩子在家庭的岗位上感受到责任的分量。例如让孩子去干家务便能培养孩子的责任感。

要让孩子对自己的行为负责。当孩子做出某项决定或承诺的时候,告诉他要对此决定的后果负责,不管结果怎样,都不可以推诿和埋怨,要让孩子自己承担责任,而不要帮其代劳。孩子朋友圈的形成,要靠他自己去建立。

❹ "富"孩子也要早当家

"不懂事"、"对家庭缺少责任感"是人们对一些孩子的评价。现在的孩子大多是独生子女,是父母的宝贝,从小就是要风得风,要雨得雨,因此养成了以自我为中心、不体贴父母、不关心家庭的习惯。作为父母,你有必要让孩子明白,家庭也需要让孩子做些什么,父母没有能力无限度地满足他们的要求。

一位父亲讲述了这样一件事:他的儿子是一个很不错的孩子,至少在学习上没让他费过心,只有一件事让他为难:孩子花起钱来大手大脚,每隔几天就向父母要钱,夫妻二人怜惜孩子,几乎每次都满足他的需要。可最近一段时间妻子下岗了,自己单位的效益也不是很好,一天,孩子向他要500元,说是要买一双运动鞋,另外还要请同学吃麦当劳,他觉得不能再对孩子予取予求了,于是就委婉地向孩子解释家里的情况:"你妈妈下岗了,我们单位也一年不如一年,所以你要懂事,花钱别大手大脚了!""这关我什么事!"儿子粗暴地打断了他的话,"您快点给我钱,供养我是您的义务!"这位父亲目瞪口呆,他实在想不到孩子对他们竟然这么冷漠,对家庭竟然没有一点责任感。

听了这个故事,不知家长朋友有什么感受?生活中,像这样对家庭缺少责任感的孩子并不少见。那么,孩子如果不尊重父母的劳动,缺少责任心该怎么办呢？下面是一位妈妈巧施扮弱计，改变儿子的例子，各位家长不妨借鉴一下。

林女士家境富裕，一天她的儿子向她要300元办生日聚会，她开玩笑地问了一句："儿子，你总向妈妈要钱，花起钱来也大手大脚，可有一天妈妈没钱了怎么办？"11岁的儿子回答说："那你就去赚啊，这不是我该关心的事吧？"林女士大吃一惊，她发现儿子丝毫没有为家庭着想的概念，她认为自己必须改变这一点。林女士向公司请了三个月的长假，然后对儿子说："妈妈失业了！从今以后爸爸要一个人供你上学、供车子、供房子，还要养妈妈和奶奶，你也长大了，该学会帮爸爸妈妈分忧了！"为了让儿子相信，她还陆续向儿子借了几次钱，因为她"没钱买菜"。一个月后，她发现儿子彻底变了，见到儿童玩具他不再缠着妈妈买，一起逛街时，如果林女士对哪件漂亮衣服多看几眼，他还会安慰妈妈："别看了，看了又买不起，等我长大赚了钱，一定会买很多衣服给你，但现在不要给爸爸增加负担了！"还有一次，她手边没有零钱，就给儿子一张50元纸币，让他自己去吃早餐，结果儿子含着眼泪问她："你把钱给了我，还有钱买菜吗？"看着儿子一天比一天懂事，很多时候还主动询问爸爸工作的情况，林女士很欣慰，不过她也在想是不是应该提早结束假期了，因为儿子渐渐有点吝啬的倾向了。

林女士使用的方法很有趣，在增强孩子责任心方面也起到了不错的效果，这招以富扮穷，由强扮弱看来还是相当有效的。如今，我们绝大部分家庭都有比以往更好的生活条件，大多数的父母都喜欢对孩子说："现在生活好了，我们不需要你为家庭操心，只要你做个好学生，将来有作为，我们再苦再累也心甘情愿。"父母们认为：现在条件好了，我们要为孩子争取一切可能的机会，为孩子提供最好的学习条件，给孩子最好的生活待遇，使孩子能出类拔萃……其实，这样的情况，往往会事与愿违。越是怀着这种心态对待孩子，孩子越会辜负父母的期望。所以，我们要让孩子明白，作为家庭组织中的一员，他对家庭是负有一定责任的。

俗话说：穷人的孩子早当家。在过去艰苦的环境中，孩子普遍知道生活的不易，自己必须替父母承担一部分责任，尽自己的义务为家里减少生活负担，从而感受到自己应当承担的责任，希望有一天能够为父母解忧去烦，这一切都使孩子从小看到自己生活的意义，看到自己的行为能为他人带来的影响，感到自己是有用处的，从而产生自豪感和责任心。

而现在，我们的家庭已经没有了这种普遍的基础，孩子生活在无忧无虑之中，根本搞不清楚自己对父母、对家庭、对社会的责任感与使命感从何而来。

一个没有责任感、没有价值感的孩子，因为找不到自己的生命在社会中的地位与重要性，便会感到迷惘，而失去努力成就的动力，更容易为其他一些物质性的、轻浮的事物所吸引，进而沉溺其中。因此，我们要巧妙地培养孩子的责任感，让现在的"富孩子"也能早当家。

❺ 扮弱，让孩子学会关爱

一位妈妈向教育专家抱怨，她怀疑自己的儿子不爱她，生活中很多父母也都有相同的感受，他们的孩子对他们冷漠、毫不关心，这让他们伤心极了。然而，孩子变成这样要怪谁呢？爱是人类的天性，每一个人都希

第1课 责任

望得到别人的爱，同时也应该向别人付出爱。可一些父母往往只给予孩子爱，却不懂得要求孩子回报，也不培养孩子施爱的能力，久而久之，孩子就习惯于父母关心自己，却不知道关心父母。因此，父母们应学会引导孩子关心自己，扮弱就是一个不错的办法。

五岁的罗尼跟许多同龄孩子一样，喜欢吃汉堡，喜欢喝碳酸饮料，喜欢各种新奇的玩具。妈妈因此也把他当成一个除了吃喝玩闹之外，其他什么都不会的小孩。不过，一次意外的机会让她彻底改变了这种想法。

那一年，罗尼家搬到了一个新的城市，罗尼也进了一所新的幼儿园。一个半月后，幼儿园要开家长会，罗尼妈妈也在被邀请之列。去幼儿园的路上，妈妈开玩笑地对罗尼说："怎么办啊？妈妈还没有完全适应这个城市，在你们幼儿园里，妈妈更是一个人都不认识，到时候你可要帮我啊！"

没想到罗尼一本正经地说："没问题，妈妈。我认识那里所有的老师和小朋友，包括每天接送小朋友的爸爸妈妈。"

妈妈看他认真的样子觉得很有趣，但她也只是笑笑，没有放在心上。

到了幼儿园，罗尼开始履行他的承诺，他尽责地陪妈妈到会议室，严肃地把妈妈介绍给园长和其他老师，又认真地向妈妈介绍了幼儿园的每一个小朋友，最后告诉妈妈小朋友们的名字以及哪位是他们的爸爸或妈妈。

接着，罗尼把妈妈带到一个沙发面前，给她端来了一杯果汁，说："妈妈，你先坐在这儿别到处乱走，我去趟厕所，一会儿就回来。"

罗尼妈妈坐在沙发上，欣喜地看着突然间长大的孩子，她突然明白了一点，在孩子面前偶尔扮演弱者的角色，实际上是对孩子责任心最好的鼓励与培养。

这真是一个温馨的小故事，妈妈的一个小玩笑，让她看到了孩子懂事、负责任的一面。世上没有不爱父母的孩子，如果你希望得到孩子的关爱，那么至少先要让孩子知道你是需要他的关爱的吧！如果这个故事中的妈妈不是扮出需要帮助的样子，她的儿子又怎么会主动去照顾她呢？看来能否让孩子有关爱之心，关键还是在于家长的引导。

　　生活中，很多父母都会发现这一点，你小小的孩子是乐于充当你的保护者的。如果停电时，你拉住孩子的手告诉他你很害怕，那么孩子一定会故作勇敢地抱着你："妈妈不要怕，我来保护你！"曾经有一个很顽皮的孩子，他的父母对他的任性不懂事一直无可奈何。有一次，爸爸要出差，就告诉孩子说："你长大了，爸爸出远门后，你要照顾这个家，妈妈很柔弱，你要像男子汉一样保护她。"结果父亲回来后惊讶地发现孩子变了个样，他为爸爸拿拖鞋、揉腿，据说在爸爸出差的日子里，他每晚睡前都要检查门窗是否锁好，还常为妈妈倒茶、帮妈妈干活。这位爸爸为儿子的转变而惊喜，同时他也认识到这样一个道理：孩子对父母的关爱之心是需要培养的，是需要家长去引导的，不能只向孩子付出爱，而不向孩子索取爱。

第 2 课

纪 律

男子汉守则

节制是一种秩序，是成就的第一条件

"一个战场指挥官假如不执行和维护纪律，那就是潜在的杀人犯！"西点军校毕业生巴顿将军如是说。西点的纪律是出了名的严格，从学员的选拔录取、淘汰，到学员的日常生活、行为准则、服装与仪表、营房与宿舍、人身与财产安全、声名、假期、教学程序、待遇与特殊待遇等都做了详尽、明确的规定。这些规章制度就像是高悬的利剑，随时都会刺向违规者，对于学员的行为有着很强的约束力。

对于西点学员而言，他们没有任何资格做出出格的行为，纪律就是纪律，纪律就是圣旨，是极其严明甚至是残酷的。那些刚刚进入西点的人，刚开始的时候，遵守可能只是为了形式，但时间一长就自然而然成了习惯，学员逐渐地把军校的目标变成了个人目标，变成了自觉的纪律。

西点《集合号》杂志曾刊登学员队司令的一篇文章，专门强调了"自觉的纪律"。自觉的纪律是一支优良军队的重要特点，所以，在西点军校，自觉的纪律更为重要。自觉的纪律是军事院校必须为学员灌输的优良品质，一个人如果要想担负管理责任，这种品质是必不可少的；一个人如果要想很好地为国家服务，也必须具备这样的品质。它之所以有这么重要的作用，因为它是一个优秀的人才所必备的素质，也是任何人希望具有的。

《中国青年报》也曾刊登过一篇文章，名字叫作《中国学员眼中的西点军校：纪律严格训练紧贴实战》，这是当时"中国人民解放军理工大学"一位同学，作为学员代表前往西点军校参加活动后写下的回忆，以下是一段节选：

"一次，几名西点学员带着我们这些国际学员到校外的小咖啡厅吃夜宵，当时已临近午夜，第二天又是我们离开美国的日子。按照常理，我们可以在校外畅谈许久，但是待了不到1个小时我们就开始返回。他们解释说，虽然也想多陪陪我们，但是他们只请假到夜里1时，必须按时返回。路上，我问David有人查夜吗？他说没有，一切都靠自律，但不能因为没人监督就破坏纪律。"

每一个合格的西点人都会自觉地遵守纪律，这与西点的严格要求不无关系，西点教官会告诉他的学员们："纪律就是高压线，它高高地悬在那里，只要你稍微注意一下，或者不是故意去碰它的话，你就是一个遵守纪律的人。看，遵守纪律就是这么简单。"

家教承接：现在能自律，将来不放纵

❶ 巧治男孩的暴脾气

"现在的男孩越来越难管了！"一些年轻的父母抱怨说，"稍不如意，牛脾气就上来了。打也不听、骂也不灵，哄他吧，他还更来劲！"生活中，确实有不少这样的孩子，那么对于男孩子的"牛脾气"，家长应该怎样处理呢？

心理学家认为，孩子爱发脾气是由于家庭教育不当引起的。特别是独生子女，如果从小就事事以他为中心，吃不得一点苦，要什么给什么，那么孩子就会养成遇事爱发脾气的习惯。

吴卓宇是小学五年级学生，外表看起来有点内向，然而，脾气却异常暴躁，许多时候控制不住自己。其实，小时候的他并不是这样，不知为何，随着年龄的增长，本来尚属听话的吴卓宇却像换了一个人似的。为此，他的妈妈带着他找到了心理咨询医生。这位母亲向心理医生诉说道：

"小宇小时很可爱，很逗人喜欢。后来不知从什么时候开始，他学会发脾气。脾气一来，九头牛都拉不转。他只要想干什么或想要什么，就必须立即得到满足，否则，就哭闹、打滚、扔东西、毁物品，甚至自虐——用头撞墙，扯自己的头发。他爸是火爆脾气，他一闹，他爸就打。你越打，他越犟，一点也不示弱。眼看就要出人命，我只好央求他爸息怒，把他爸拉开，然后满足儿子的要求。可我却弄了个两面不是人。他爸埋怨，儿子也不领情……"

第2课 纪 律

每个人都不希望自己的孩子是一个随意发脾气的孩子,可事实上发脾气是孩子成长过程中的必经之路,如果家长引导得不好,孩子就会像吴卓宇一样,养成乱发脾气的习惯,变成一个暴躁的孩子;引导得好的话,孩子的脾气就会成为每一次教育孩子成长的契机。

要解决孩子乱发脾气就要先知道孩子为什么发脾气。一是孩子的需要没有及时得到满足,这些需要,有些是物质上的,比如,孩子想买一个玩具或者买一些零食。有时则是生理上的,比如,病了不舒服,而父母又不是十分的重视,等等。这并不是说父母必须满足孩子的一切需要。当父母的要分析孩子的需要是否合理,既不要忽视孩子的心理、生理需要,也不能让孩子的需求感变成贪婪欲。

既然孩子发脾气可能是为了获取某种满足的手段。那么,我们怎样才能改掉孩子乱发脾气的习惯,或者说对孩子发脾气采取什么样的对策才是可行的?

专家的建议是:一是不能向孩子"俯首称臣";二是当孩子发脾气时,适当地采取"横眉冷对"的方式;三是父母"以身作则",让孩子从榜样的身上学到正确的东西。

孩子发脾气就向他屈服是最不可取的教育态度和教子方法。当孩子乱发脾气时,父母要保持冷静,对孩子的不合理要求绝不迁就,始终要让孩子明白,无论他怎么发脾气,父母都不会"俯首称臣",他始终都达不到自己的目的。当孩子已经"雷霆万钧"时,不妨运用冷淡计,父母及其亲人都不去理会他。事后,再当着孩子的面,分析一下他发脾气的原因,细心地引导、教育孩子,相信孩子会从一次错误的行为中汲取教训。

专家认为,父母在阻止孩子坏脾气发作的时候,既不要采取过于强硬的态度,也不能采取过于软弱的态度。最好是能够迅速而果断地将孩子的注意力转移到其他方面,以缓和紧张的局势。也就是说,当孩子正处于发脾气的时刻,父母不要一心只想到训斥孩子,因为孩子这时是听不进去的；也不要强迫孩子或者用武力威胁孩子马上停止发脾气。最简便的方法就是对他冷淡一点，或者把他送出门外，让他一个人去发泄，去自我克服、自我平息。这样坚持一段时间后，孩子就会渐渐改正乱发脾气的习惯，因为他知道这样做是什么也得不到的。

❷ 冷对孩子的无理取闹

生活中，很多孩子都会出现不讲道理、无理取闹的情况：以自我为中心，不理解别人的立场；不管自己有没有道理，说发脾气就发脾气……这些问题往往让为人父母者头疼不已。孩子的不讲道理其实是儿童缺乏自制力的表现，因此父母一定要努力培养孩子的自制能力，对孩子不讲理的行为决不姑息纵容。

妈妈给洋洋买了一个漂亮的玩具车，准备下午带孩子到姑姑家做客，洋洋非常高兴，决定向表弟炫耀一下自己的新玩具。但是到了下午，忽然下起了大雨，洋洋趴在窗户上看了好一会儿，跑来问妈妈："妈妈，这雨会停吗？"妈妈知道，如果洋洋不能去姑姑家，他一定非常失望，于是安慰孩子："再等一等看，也许会停的。"

一个小时过去了，雨还是没有停，甚至还刮起了大风。于是洋洋开始吵闹起来，一边吵闹一边哭泣。妈妈劝慰洋洋："姑姑家我们都去过多次了，也不在乎这一次。等大雨停了，妈妈再带你去，你看好不好？"洋洋吵闹着对妈妈说："谁知道雨什么时候能停！你都答应我了，现在又反悔，我不干！我不干！"洋洋越吵越厉害，连邻居都惊动了！

妈妈很为难，又拿他毫无办法，于是就向他保证说："妈妈明天带你到商场去，再给你买一个玩具枪，能射子弹的那种，以前你不就想要吗？"

我们经常会看到一些父母犯这样的错误：孩子一哭一闹，自己就慌了手脚，马上对孩子又疼又哄，对孩子的不讲理百般迁就，或者很多时候，孩子因为某些不如意的事情，吵闹一阵子后，差不多快要停止下来了，忽然，又因为父母或其他人对孩子说了些安慰的话，孩子的情绪一下子又来了一个180度的大转变，变本加厉，越发吵闹得不可收拾！

洋洋对妈妈的吵闹便是一个很好的例子。

对一个孩子来讲，由于天气的原因，不能参加原来计划好的活动，一定会感到很失望，但孩子因此而纠缠不休蛮不讲理，在很大程度上正是由于妈妈的同情把这种失望的感觉扩大了。

父母们常常会低估了孩子对失望与挫折的承受力，总是不知不觉地以父母的角色，心甘情愿地替代孩子"受罪"。在这个例子中，妈妈对洋洋表示了怜悯，洋洋自己就愈加觉得自己可怜，愈加觉得"去不了姑姑家是难以承受的事"！

更糟糕的是妈妈提出的"补偿"办法使洋洋形成一种观念，那就是他在生活中所遇到的任何失望的事情都应该由别人来给予补偿。如果任何事情不能按他的愿望实现的话，洋洋就会感到生活亏待了他，他受到了不公平待遇。当妈妈的认为孩子的失望太大了，是洋洋不能承受的，她的这种态度，实际上低估了洋洋可能有的承受力。妈妈认为洋洋太软弱了，根本无法对付生活中的现实，她的这种态度将使洋洋也形成对自己的错误认识："我受到了一个很大的打击，没有能力应付了。"

因此，我们应当锻炼孩子，培养他们接受生活中的失望及失败的勇气，而不是依赖别人，依赖于别人的怜悯，等待着别人来安慰、同情自己。如果我们不在孩子面前表现出我们对他的惋惜和过多在意的话，孩子就会学会如何接受失望的现实，调节自己的情绪，不再蛮不讲理。如果做父母的能够平静地对待孩子的失望，对孩子施展好的影响，将会使孩子更容易接受失望，迎接希望和挑战！

孩子的有些行为不是真正的幼稚无知，他们其实也隐约感觉到自己的做法有问题。只是孩子"控制"的不成熟，因而表现出哭闹的情绪。如果父母常常为孩子的这种不成熟而批评他，反而会引起孩子的注意，从而滋长孩子的不良情绪。例如：当孩子无理地吵闹、发脾气、哭叫时，父母故意不去理睬孩子的语言和行为，不以任何态度表示知道那种行为的存在，孩子就会意识到父母对他的行为是不喜欢的，也不会给予他任何的满足，他从父母那里将得不到任何"补偿"。

生活中我们可以看到，往往是由于父母过多地在意孩子，才使得孩子得寸进尺，甚至于发展到无理取闹。而父母在处理孩子的这种行为时，通常会大声斥责，甚至大打出手，以达到使孩子改变行为的目的。父母的这种做法行不通！如果我们真是希望孩子能够改变那些不讲理的行为，那么，父母正确的做法应当是适当地采取不理睬孩子的态度，至少应当保持相当程度的沉默。

❸ 让散漫男孩学会自我管理

张一洋的爸爸最近很是烦恼，因为他接到了儿子班主任的电话，班主任表达得比较委婉，但还是用了一个一洋爸爸认为挺严重的词"散漫"。据说张一洋上课时总是不太安静，跟旁边的同学说话，把凳子弄出声响，都是他曾经干过的。虽然对他的成绩爸爸还算满意，但是这种既影响自己又影响他人的坏习惯，一样爸爸还是很不愿意在儿子身上看到的。但孩子天性如此，一洋爸爸不免感到有些无奈。

张一洋是个乐天派的男孩，他很有趣，也总能感受到周围的开心和快乐。似乎没有什么事情能让他感到压力，而这也常常是让他的父母、老师感到懊恼的事情。对他来说，似乎没有什么事情是太重要或太严重的。对于各门功课、考试、测验和学校项目，他也很少会有紧迫感。他总是很悠闲，觉得生活中没有什么大不了的事情。他属于这种男孩：走出家门的时候没有很多的想法，回到家也是一副散漫的样子。几乎每天早晨，张一洋的母亲都会跟着他冲出房门，把午餐塞到他手中。

习惯这个东西会跟着人一辈子，一旦孩子的散漫无可收拾，今后他们无论做任何事，都会受到这个坏习惯的影响。家长应该教孩子认知现实生活中的真、善、美、恶、丑，然后，让他明白为什么要这样，明白了这些，他就会知道，散漫对于一个人的影响有多坏，而自我管理和坚强的意志对于一个人的发展帮助有多大。

男孩到了能够管理自己的年龄，家长就应该要他们学着自我约束，其实什么事情该干、什么事情不该干，孩子心里都是知道的，只是他们在自我管理这方面做得还不足。家长应该跟他们一起找到原因，并且帮助他们走出自我管理的这一步，毕竟散漫给别人的印象是很不好的。如果任由孩子自己散漫下去，无疑会对他的性格形成产生很大的影响，性格的形成是不可逆的，相信每一位家长都不希望孩子在这方面出现任何问题。

那么，我们应该怎样对待孩子散漫这个问题呢？

有一位很特别的母亲，她训练孩子的意志和品质的方法是很值得借鉴的：

有位母亲每天接送孩子都要经过一条铺着黑色地板砖的小路，她的儿子很喜欢办班级板报，常常会剩下一些彩色粉笔，他喜欢拿着这些粉笔在他喜欢的地方练写粉笔字。每天放学经过这条铺着黑色地板砖的小路，他都想在地砖上写写字，可是这里是公共环境，不允许乱写乱画，这位母亲每次都会认真教育她的儿子，晓之以理，告诉他这里为什么不能乱写，让他约束好自己。有一天，这位母亲故意迟了一些来接儿子，她悄悄藏在小路旁边的一棵大树下，她想考验一下儿子一个人路过这里时的表现。结果呢，她的儿子经过此地时并没有在地砖上写字，于是她就对儿子进行了奖励。通过这种训练，孩子的意志品质和自控能力都有了明显的提高。

其实，男孩天生就要较女孩散漫得多，在孩子中，散漫这种习惯并不少见，但它是可以通过训练去改善的。一般来说，家长在引导孩子培养自我约束能力时，可以从以下两个方面着手：

（1）要从小灌输给孩子正确的价值观念

自我管理需要具备两个条件，价值观的建立和自制能力的建立。价值观就是一个人赞同和认可社会规范、道德准则所赞同的观念，并以此约束自己。自制能力则是有意识地多接触各种规则，如游戏规则、交通规则等，从而让孩子明白该如何去约束自己的行为。

（2）培养男孩的自我管理能力要从日常生活的小事情做起

父母教育孩子必须抓住每一个小环节，告诉孩子什么是对的、什么是错的。孩子的心灵是脆弱和敏感的，不要觉得他们是小孩，什么也不懂。日常生活中的每一个细节对孩子的成长来说，可能每件都是大事。从小事做起，长期坚持，从根本上触动孩子思想的神经，才能帮助他形成正确的习惯。

❹ 培养男孩抵抗诱惑的能力

孩子的一些不良心理动机的形成，都与他们所受的"诱惑"有关。一旦不堪物质诱惑，就会迷失自己，可能会伸手索要、设法谋取，从而产生不良的行为，甚至还会走上犯罪的道路。

由此可见，一个孩子如果不能抵制外界的诱惑，就会迷失自己，从而误入歧途，甚至走向不归路。面对诱惑，最重要的就是教会孩子懂得克制自己，只有这样，他们才不会迷失自己，沿着正途走向成功。

当然，对孩子抵抗诱惑力的培养，不是一蹴而就的，而是需要长时间做工作。在平时，父母既要承认和满足孩子的一些要求，又要控制某些不良欲望的无限膨胀，提高孩子对金钱物质的抵抗力，让孩子们健康成长。

家长可以从区分孩子是"想要"还是"需要"做起，培养孩子抵抗诱惑的能力。

当孩子想要某些不需要的东西时，家长就可以这样来做。培养孩子抵抗诱惑的能力，家长应该注意以下几点：

（1）要让孩子不盲目攀比

人的要求应受客观条件的制约。在丰富的物质世界面前，在各种诱惑面前，一个人应考虑家庭经济条件。教育孩子不搞盲目攀比，让其养成勤俭节约、艰苦奋斗的优良品质。

（2）培养孩子良好的心理素质

一般来说，抵抗诱惑能力差的孩子，缺乏自主意识，自控能力不足，大都具有"见异思迁"、"见好就爱"等不良的心理倾向。对此，家长要帮助孩子提高分辨能力，认识到贪欲的危害性，使其懂得哪些要求是合理的，哪些要求是不合理的，做到不为外物所动。

（3）满足孩子合理的需要

在条件允许的情况下，应尽量满足孩子合理的需要，一时解决不了的应向孩子做出解释。对孩子抵抗诱惑力的培养不可能一劳永逸、一蹴而就，需要家长长时间地引导。

（4）引导孩子增强对诱惑的免疫力

孩子都有攀比的心理，他们年龄小，生活阅历尚浅，很难建立起对事物的正确评价标准。所以，做家长的要及时、有效地引导孩子，帮助孩子改掉虚荣、乱攀比的坏毛病。家长如果能给孩子传输一些积极、正确的价值观和道德观，孩子就会变得"百毒不侵"，从此对一切诱惑都"免疫"。

孩子的成长过程，就像是孩子爬山的过程，其间孩子总会看见途中的奇花异草，如果任由孩子被其诱惑，迷恋它们的美色，就有可能到达不了顶峰。

❺ 引导孩子自己去反省错误

一个善于自我反省的人，往往能够发现自己的优点和缺点，并能够扬长避短，发挥自己的最大潜能，去做好每一件事；而一个不善于自我反省的人，则可能会一次又一次地犯同样的错误，不能很好地发挥自己的能力。

楚汉相争，最终以项羽的失败、刘邦的胜利而告终。项羽之所以失败，就是因为他刚愎自用，不听别人劝谏，做不到自我反省，屡犯同样的

第2课 纪 律

错误,最终只能投身乌江。反观刘邦的成功,就是因为他能够听取别人的意见,能够自我反省,不再犯同样的错误,才赢得了整个江山。而后来刘邦能够平定叛乱,稳坐天下,也是因为他能够自我反省、汲取教训。

善于自我反省成就事业的人屡见不鲜,因不能自省屡屡失败的人也不在少数。所以培养孩子,就需要培养他们做事自我反省、自我修正的态度,这样才能使他们在做事的时候减少失误,走向成功。

姑姑送给童童两条美丽的小金鱼。童童十分喜欢,把鱼儿放在玻璃缸里,看它们在水中自由地畅游。有一天,童童突发奇想,把金鱼从水中捞出来,丢在地板上。看到金鱼不停甩动尾巴,童童觉得很好玩。

"童童,你怎么这么残忍!鱼会干死的,赶快把它们放回水里去。"妈妈看到这一情景,大声呵斥童童。童童无动于衷,对妈妈的呵斥置若罔闻。这时,外婆走过来说:"童童,如果你口渴时不给你水喝,你会怎样呢?""我会很难受。"童童有过口渴难耐的经历,便不假思索地说。

"是啊,没水喝很难受,可你把鱼从水里抓出来丢到地上,让它们没水喝,你说它们难不难受啊?而且,鱼是水生动物,比人类更需要水,一旦离开水,很快会死的。它们拼命甩动尾巴,是因为它们太难受了。"外婆继续开导童童。童童不作声了,沉思了片刻,他对外婆说:"我错了,我以后再不把金鱼丢到地上玩了。"

当孩子做错事时,让孩子学会自己去反省,去总结经验教训,他们便不会再犯同类的错误,效果会比家长一味地斥责要好得多。

要让孩子学会自我反省,就应该让孩子学会总结经验教训,因为总结经验教训事实上就是对自我行为的一种反省。例如,一个孩子用打架来解决与同学之间的矛盾,如果他在打架上吃了亏,他会想:"上次我感到生气的时候是用打架来表达我的愤怒的,结果我被别人打了。那么下次发生这样的情况时，我该怎么办呢？我可以不用打架的方式吗？我应该想一想更好的解决问题的方法了。"

所以，培养孩子善于做自我反省，家长应该注意以下几点：

（1）教育孩子不必对他人的批评大惊小怪

在教育孩子的过程中，我们在提倡赏识教育的同时，也不应放弃对孩子的批评教育。当然，批评孩子的语气要温和，批评孩子的缺点应该中肯。父母还需要告诉孩子，在接受他人批评的时候要认真倾听，保持平和的心态，有则改之，无则加勉。

（2）允许孩子做出解释

当孩子有了过失，父母如果允许孩子对事情做出解释，不仅可以更全面地了解事情的真相，还可以引导孩子进行自我反省。比如，为什么自己的行为得不到别人的认可，是不是哪里做得不好，等等。当然，父母应该让孩子明确的是，允许他做出解释，并不是让他推卸责任。

（3）批评孩子时要诱导孩子反省

父母在批评孩子的时候不仅要讲究批评的方式和方法，而且对其他孩子的评价也要适当，不能过分夸张。父母应该让孩子明白，对待批评，头脑应该冷静，不要过于冲动，但这并不表示默不作声，而是应该仔细反省自己的行为是否有不恰当的地方。

自我反省是孩子成长的一个秘诀。一个不会自我反省的孩子永远也长不大。懂得自我反省的孩子，就等于掌握了自我完善和健康成长的秘方。

第 *3* 课

信 念

男子汉守则

没有信念的孩子，就像没有翅膀的鸟儿

麦克阿瑟将军告诫西点学员："信念不坚定，难有大的作为。环境不是不可改变的，只要你不是自怨自艾或垂头丧气，而是以顽强的信念，为自己创造更炫耀的前程。"

西点人相信信念的力量。每个学员在进校之初就会受到一系列的荣誉教育、纪律教育等，其目的就是要在学员心中强调军校的校训——责任、荣誉、国家，树立一个军人坚定的目标与信念。

西点校友安德烈·米勒是一位小说家，他的作品获奖后，在颁奖典礼上，有记者问他："米勒先生，你认为自己身上最优秀的品质是什么？"安德烈·米勒坚定而自豪地说："自信，与生俱来的自信！我拥有颠扑不破的自信心。如果将我这一生比喻成一顶王冠，那自信就是点缀在这王冠上最珍贵、最璀璨的一颗钻石。"

又有记者问他："你人生成功最关键的转折点在何时何地？"安德烈·米勒回答道："在西点接受教育的那段日子，是我人生中受教最多的日子，至于影响我人生的关键转折点，是在陆军服役的那段生活，是我的生死关头……"

接着，他讲述了那次难忘的经历：

事情发生在1941年6月的一天午夜。两天前我在一次战役中受了伤，双腿暂时瘫痪了。为了挽救我的生命和双腿，少校下令让一位下士驾着小船，趁着夜色把我送到江对岸的战地医院治疗。不幸的是，小船在漆黑辽阔的江面上迷失了方向。那名掌舵的下士惊慌失措，面对无边的黑夜，绝望得差点拔枪自杀。

我当时很冷静，镇定自若地安慰他说："你别开枪，我有一种神秘的预感，我们肯定会抵达成功的彼岸！"下士听我这样一说，犹疑地放下了对准太阳穴的枪。

我接着说："如果你开枪自杀，你必死无疑，我也难逃一死。如果我们坚信自己会成功，绝不放弃，总会有希望脱险。"

其实，我们已在危机四伏的黑暗中漂荡了两个多小时，孤立无援，而且我的伤口还在淌血……不过，我认为即使注定失败也要有耐性，要耐心等待那失败的最后一刻到来，绝不让自己提前堕入绝望的深渊。正这样想的时候，突然前方岸上射向敌机的高射炮火闪亮了起来，我们欣喜地发现，原来我们的小船离码头还不到两里了。

这次脱险经历，使安德烈·米勒悟出了一个道理——天无绝人之路。

后来，安德烈·米勒在回忆中写道："自从那夜之后，此番经历一直留存在我心中。这个戏剧性事件竟包容了对生活真谛认识的整个态度。因为我有不可征服的信念，坚忍不拔，绝不失望！即使在最黑暗最危险的时刻，我相信命运还是能把我召向一个陌生而又神秘的目的地……"

信念，给了弱者以勇气，给了气馁者以希望，给那些强者以更强大的力量。一个没有信念支撑的人，往往就没有坚韧的品格，一旦遇到困难就轻言放弃。一个人不能没有信念，一个军人更不能没有信念，信念就如同一股神奇的力量，推动人们向着既定的目标前进。

在西点，当学员面对校际比赛时，无论什么类型的比赛，全校上下都会用一致对外的气势压倒对方。非常有趣的一件事情是，西点如果要公布一项赛事情况，他们从来不会说"西点将于什么时间与什么队伍比赛什么项目"，而是会宣称"西点军校将于某月某日某时某地打败某校的某个队伍！"只因他们的口号中不存在失败的可能性。正因为西点军校拥有这样的信条，使得他们成为各项赛事上的常胜将军，就连西点人也看似不太擅长的辩论赛，他们都能多年保持全美前十名的战绩。这就是西点军校的必胜信念：没有什么事情搞不定，我一定会赢！做完一件事之后，不论结果，先自问：在做这件事的时候，自己是否全力以赴了？这就是西点人的做法。

家教承接：自信男孩，才能主宰自己命运

❶ 每个孩子都可以成为天才

法国教育家爱尔维修说："即使很普通的孩子，只要教育得当，也会成为不平凡的人。"这也就是说，每个孩子都有"天才"的潜能，关键是父母能否正确发掘，因此作为父母的您就需要在孩子成长过程中，不断开发孩子的天赋，激发他们的自尊心和自信心。

毕加索出生于1881年，他的父亲何塞是个非常开明的人。有一天，他发现三岁的毕加索居然在一张纸上画上了妈妈怀孕时的样子，何塞认为自己的儿子在绘画上是非常有天赋的。然而，有着惊人绘画天赋的毕加索在循规蹈矩的学校里，根本就算不上社会所认定的那种好学生。只有在画画时，毕加索才表现出惊人的耐力，他可以一连几个小时不放下画笔，与他在课堂上的表现判若两人。同学们对着毕加索大喊："呆子，二加一等于几？"而老师则认为毕加索根本就不具备学习的能力，还多次跑到毕加索父母面前，数落他的"痴呆症"症状。毕加索陷入了自卑的境地。

幸运的是，毕加索有个赏识自己的父亲，何塞并没有对自己的儿子失望，而是认定儿子的绘画天赋会让他成为一个不平凡的人。何塞想，与其让孩子在正统的学校教育中一无所获，还不如让毕加索在他热衷的绘画上

第3课　信念

有所成就。于是，何塞决定把毕加索送到当地有名的美术学校，并亲自担任儿子的辅导老师。

正因如此，在艺术的长廊中，毕加索的名字才与达·芬奇齐名。

不是每个孩子都能有何塞这样开明的父亲，很多家长往往被孩子表面上的成绩蒙蔽了，认为自己的孩子"脑瓜不够聪明"。然而，美国人类潜能开发专家葛兰·道门医生认为：每一个正常的孩子在其出生的时候都具有莎士比亚、爱因斯坦、牛顿等人那样天才的潜能，关键是后天能否把这种潜能发掘出来。

不要怀疑这种说法，美国著名心理学家罗森塔尔的一项试验证明了这一点。

罗森塔尔和助手来到美国东部的一所小学，声称要进行一个"天才测验"，首先，他给全校学生做了一次智力测验，测验后，他并没有给那些测试卷打分，而是随机抽出了20名学生，并以赞赏的口吻告诉老师，这些学生的智商都在130～140之间，属于天才少年，是非常优秀的孩子，在学习上具有极大的潜力。尽管这20名学生中有不少是不爱学习的孩子、逃课的孩子、表现平庸的孩子，但大家都对罗森塔尔的话深信不疑：这些孩子都是高智商的天才，只不过没有发挥出自己的潜能。根据罗森塔尔的要求，校长又把三位老师叫进办公室，对他们说："根据过去三四年来的教学表现，你们是本校最优秀的、最有潜力的老师。为此，我们特别挑选了这批全校最聪明的学生让你们教。这批学生的智商比同龄的孩子都要高，希望你们取得更好的成绩。"

一年后，罗森塔尔再次来到这所学校，奇迹出现了。凡被认为是"最优秀的"学生，成绩都有了较大的进步，且各方面都表现得很优秀。被赏识的学生在智商上有了明显的提高，这一点在智商中等的学生中表现得尤为显著。从教师所做的行为和性格鉴定中可知，被赏识的学生表现出了更强的适应能力，更大的魅力，更强的求知欲。

这时候，校长告诉老师们真相：这些学生并不是刻意选出来的，而只是随机抽选出来的普通学生。三位老师万万没有想到事实会如此，只有归功于自己教育得好。

校长没有告诉他们另一个真相：他们三个也是在教师中随机抽选出来的。

这真是一个非常有趣的实验：罗森塔尔的谎言使老师们相信那些被指定的孩子都是有前途的天才儿童，于是便自然而然地对这些孩子寄予了更高的期望和热情。接着老师的信任和热情又感染了这些孩子，于是他们变得更加自尊、自信、自强，结果在各方面都取得了异乎寻常的进步，真的就如同众人所期望的那样，成为了天才儿童。

罗森塔尔的实验是非常有意义的，它向家长们表明了这样一个道理：每个孩子都可能成为天才，但要让孩子真正成为天才，家长就要像对待天才一样欣赏他、教育他。有的家长可能会说：我的孩子一次也没有考过好名次，既不会演讲，又不会唱歌跳舞，即使我要像培养天才一样培养他，也无从着手啊！

这种情况下，各位家长就有必要为孩子补强，你不一定非要发掘出孩子在文学、艺术等方面的天赋，重要的是激发他们的自尊心和自信心，不要让他们陷入自卑的境地。

河南安阳市的少先队组织，曾在教育专家韩凤珍的指导下，开展过"我之最"活动，即让每个孩子都亮出各自的"绝招"、"绝才"、"绝优"、"绝长"，收到了良好的效果。许多被人瞧不起的孩子或那些被忽视的"灰色儿童",也纷纷登台露一手儿,有的剪纸、有的爬树、有的驯狗、有的动耳朵、有的讲历史知识、有的滑旱冰,等等。孩子们由于显示了自己超人的本领,自信心大增,彼此之间也刮目相看了。

韩凤珍说:"所有难教育的孩子,都是失去自信心的孩子。"所有好教育的孩子,都是具有强烈自信心的孩子。教育者就是要千方百计地保护孩子最宝贵的东西——自信心。那么,怎么培养孩子们的自信心呢?我想,一个不可忽视的途径,就是给每个孩子创造表现能力的机会,让他们都尝到成功的喜悦。

当然,总会有一些孩子实力相对弱一些,甚至几乎找不出什么特长绝招。但是,许多学校开展了"让每个学生拥有一项特长"的活动,通过挖掘潜力和技能培训,使孩子们普遍增强了实力和信心。

不要小看了这种活动,当孩子有一项比别人强的"特长",就能焕发出自信心,便会觉得只要自己肯去做,一定不会比别人差。而这种自信心也会延伸到其他领域,使孩子更具积极性。因此,父母应尽力挖掘孩子的优势潜能,不论是在学习还是在个人爱好方面,有了优势潜能,孩子就会拥有信心。

总之,当你看到邻居孩子表现杰出,自己的孩子却成绩平平时,千万不要埋怨自己的孩子一无是处。要相信你的孩子也是个潜在的天才,只是暂时被压抑了,只要你愿意付出关怀和爱,你的孩子也会是一个光芒四射的天才。

❷ 让男孩顺着阳刚天性成长

男孩的阳刚之气是从小培养起来的，但是当今的家长却忽视了对男孩阳刚之气的培养，致使很多男孩越来越软弱，逐渐失去了男子汉的气魄。这种现象对于个体、社会乃至对整个民族而言，不能不说是一种极大的遗憾。

身为父母，在家庭的日常生活中，不要阻碍男孩阳刚气质的发展，比如说"你不能这样，你也不能那样"，更不能把男孩女儿化。只有这样，让男孩在男人阳刚天性的支配下，自由地去成长，才能成长为真正的男孩。

性心理学家研究认为，男孩和女孩生来就具备自身伊始的性别天性，比如在做游戏时，女孩常常玩的是过家家，而男孩常常是舞刀弄枪、追追打打。而现在的许多父母在管教男孩的时候，往往会限制和禁止他们的行为，这就无端地抹杀了他们成长的性别天性。

所以，培养男孩就应该像庄子种葫芦那样，采用自然之法，让他们顺着男人的阳刚天性去成长，而不是禁止和限制他们的天性。

培养气质阳刚的男孩，家长可以从以下几点做起：

（1）培养训练男孩的男子汉独立性

在家里，父母要将男孩当作真正的男子汉，给他独立做事的机会，并及早给他独立自由的活动空间，要有自己的小房间，从形式和内容上都要独立起来。

（2）父母要注重培养男孩的领袖素质

培养男孩独特的个性，父母不要替他们安排他们学习和生活的细节，不应要求男孩唯唯诺诺，而应尽量教他们学会自己拿主意、做决定，组织和指挥别人的能力比什么都重要。

（3）父亲要给男孩做好男性榜样

父亲要给男孩做出好的男性榜样来，要给他鼓励、支持和时间与空间都到位的父爱，因为缺少父爱的男孩会"人格缺钙"。

（4）培养男孩适应社会的能力

父母要培养男孩的适应社会能力，让他与同龄人能广泛地交往，树立自己的良好公众形象与公信力，这是男孩走向心理成熟的必经之路。

从发展心理学的角度看，儿童的"战争"观念和成人的"战争"观念不同，前者是一种游戏行为，而不是成年人心目中的道德行为。美国心理学家丹尼鲁·庞斯认为，儿童之间的"战争"游戏应该说是正常的，有助于儿童建立社会正义感。

❸ 有自信的孩子才有美好的未来

自信是孩子独立自主的重要条件，也是孩子人生走向成功的必要条件。

王威14岁那年便考进了中国科技大学少年班，这看似上天命运的安排，其实是他的自信使然。他大学毕业的时候，也顺利通过了托福和GRE

考试，获得了赴美国读研的深造机会，这也是他的自信使然。

王威之所以这么自信，就是因为他生活在父母的信任中，久而久之，养成了自信的习惯。

王威在很小的时候，他的父母就注意平等对待他，从不对他发号施令，而且王威在父母面前没有什么不敢讲的。每当王威讲述的时候，父母都会从头至尾听完，并且告诉他更清楚而简练的表达方式。当王威大点的时候，父母只是就事论事谈出自己的观点。而且他们从没有否认过孩子对问题认识过程中的观点，这在无形当中树立了孩子很强的自信心。

当王威上学时，他的家长很少过问一般家长都非常重视的学习问题。他们只是通过自己的身体力行，给孩子树立榜样，放手让孩子去做，并相信他能做好。这样的背景，无形中给王威提供了一个要靠自己奋斗的环境，这就使得他在学习上、生活中，比同龄的孩子更加独立，更加成熟。

在王威报考中学少儿实验班的时候，他的妈妈没有给孩子提什么要求，也没有说高考实验班竞争激烈的困难，而是问孩子："考不考？"王威说："一定考！"他的妈妈才填写了推荐理由。

进入中学少儿实验班后，王威发现自己的学习能力和水平有点不值一提了。当第一次模拟考试成绩下来后，他不敢相信自己能够答得出那样差的试卷。但是他对自己充满信心，他相信只要努力，在班里的成绩是不会差的。

凭着自己的努力，伴着和同学们的交流，他的成绩稳步上升。转眼，四年的中学少儿实验班生活结束了。在这四年里，他学到了同龄人要学习七年的知识。也就在毕业的那一刻，他把人生的目光瞄向了中国科技大学少年班，结果他如愿地考上了。

第3课 信念

由此可见，自信心在孩子的成长过程中起着相当重要的作用。可以说，任何一个成才的人，都必然是自信的人。相信自己会成功，是那些已经成功的人所拥有的基本而绝对必备的要素。

孩子的自信心是家长一滴一点培养和树立起来的。一位有亲子教育经验的专家这样写道：

那天，我儿子班上年龄最小的同学明明在我家画画，儿子要和他出去玩时，我顺手把一堆画得乱七八糟的纸张扔掉，明明见状急步走过来对我说："阿姨，别把这些画扔掉，我还要带回家呢。"他见我没说什么，他又问："你不喜欢我的画吗？我妈妈一定会喜欢。她告诉我，不管我做的什么，她都喜欢，因为她爱我，我是天下第一。"看着明明的认真劲，我知道，他的自信在妈妈的培养和鼓励下已经根深蒂固了。

可见，培养孩子的自信，父母应该从孩子的点滴小事上去鼓励、赞赏，而不是批评。家长要时时以赏识的眼光看着孩子，让孩子扬起自信的风帆，迎接成功的喜悦。

培养孩子的自信心，家长需注意以下几点：

（1）发现孩子的点滴进步

成人的评价对孩子产生自信心至关重要。幼儿时期，成人对孩子信任、尊重，经常对他说"你真棒"，孩子就会看到自己的长处，肯定自己的进步，认为自己真的很棒。反之，经常受到成人的否定、怀疑，经常听到"你真笨、你不行、你不会"的评价，孩子也会否定自己，对自己的能力产生怀疑，从而产生自卑感。因此，家长必须注意自己对孩子的评价，多为孩子的长处而骄傲，不为孩子的短处而遗憾。要以正面鼓励为主，要善于发现孩子身上的闪光点，不盲目地拿自己的孩子同别的孩子比较，而是多拿孩子的过去与现在比较，让孩子知道自己长大了，进步了，从而产生相应的自信心理。尤其是要给予发展慢的孩子以更多的关怀和鼓励，让孩子懂得人人都有长处，使孩子逐渐树立起对自己正确评价的信心。

（2）创设孩子树立自信的成功机会

幼儿时期正是各种能力发展的关键时期，而每个年龄段幼儿的能力发展都有其自己的"最近发展区"，即幼儿通过努力，可以达到的发展标准和水平。如果超过最近发展区，对孩子提出过高的希望、过难的要求，幼儿就会对自己失去信心。因此，家长应该正确认识到孩子的不足，正确把握，创设良好的机会和条件让孩子去尝试和发现，发展孩子的各种能力，并在孩子取得成绩时，及时表扬，充分肯定进步，才能让孩子体验到成功的喜悦，产生积极愉快的情绪体验。

（3）适当开展挫折教育

在生活中，任何人不可能十全十美、一帆风顺。怎样评价自己，怎样对待失败，不同的态度会导致不同的结果。因此，在教育过程中要正确分析孩子的情况，帮助孩子正确对待不足和失败，培养孩子大胆、勇敢、坚毅的意志品质。有的孩子遇到失败只会伤心难过，这时父母要主动接近他，帮助他分析失败的原因，鼓励他通过其他补偿方式来弥补弱点以获得自信。有的孩子智力发展一般，但能关心集体，热爱劳动，父母要帮助他发扬长处获得自信。父母还要教育孩子看到自己和他人各有长处，当自己获得成功时要关心和帮助弱者，当自己失败时也不自卑。总之，父母要经常展示孩子的强项，使孩子获得自信。

孩子的自信源于父母的信任、赞赏、鼓励，而不是来自于父母的批评。而且每个孩子的自信都是建立在自己的"强项"上的。告诉孩子"当你集中精力于你能做得最好的事情上时,你会觉得自信心大大增强"。

❹ 赏识会让孩子更有出息

中国的父母相信对孩子一定要严管,因此当孩子在学习或生活方面做得不尽如人意时,他们就会抱怨,就会责骂孩子。然而这样做究竟有何益处呢?孩子会说:反正我就是没出息了,怎么做也没有用。因而自暴自弃,一蹶不振。这样的结果一定不会是父母们希望看到的,因此做父母的应该试试赏识教育,肯定孩子的长处和点滴进步,你会发现孩子在一天天地进步,你的赞赏创造了奇迹。

做父母的应该勇于承认差异,并鼓励孩子逐步缩小差异,不要一味抱怨这不好那不行,对孩子进行有百害而无一益的伤害,把本来活泼可爱的孩子变成没有理想、没有志气、庸庸碌碌过一生的人。

有这样一对父母,他们都是受过良好教育的人,他们的孩子非常聪明可爱,可就是有点贪玩不爱学习,于是这对父母就每天训斥孩子"没有用处,简直是个废物"!弄得孩子信心大失。有一次,这个孩子考了一个不错的分数,他兴高采烈地把试卷拿回家去,结果爸爸说:"这真是你自己做的吗?"妈妈斜着眼看他:"不但学习不好,小小年纪还开始说谎了!"结果孩子垂头丧气地走了,从此以后果然没有再考过好的分数。那对父母就像是得胜的预言家，对着孩子唠叨着："早就说过你不行吧！看你那点出息！"

这是一对多么可悲的父母。心理学家的研究表明：这类父母之所以认为自己的孩子"不是那块料"，实际上是自己没有识才的眼光与水平。自卑的父母都望子成才，由于不懂，甚至不相信自己能育子成才，因此就用"不是那块料"的恶棒，把自己与子女都毁掉了。要知道，即使是荆山之玉，尽管很美，也需要识别、雕琢，否则也不会成材的。

不管你相不相信，孩子都是越夸越好，越骂越糟的。当你在责骂孩子时，你就是在向他不断施加心理暗示：你不行的，你不会成功。试想一下，幼小的心灵怎能抵得过这样的"咒语"，在这样的情况下，孩子不变成庸才才怪。相反，如果你能常常热情地鼓励孩子，孩子就会下意识地按照父母的评价调整自己的行为，直到达到父母的期望为止。

当然，要使赞赏发挥最大的效用，那么就要运用得恰如其分，无限地夸大也是不妥的。因此，我们给家长们提出如下建议：

（1）用赏识的眼光观察孩子

在日常生活中，务必注意孩子的行为举止、好恶，在他与别人玩耍、交谈、阅读时观察他，你就会发现你的孩子虽不爱弹琴却喜欢绘画，虽没耐心却有创意，虽不善言辞却很热心，总有他优秀的一面，记下孩子的性格倾向，从而诱导他。

（2）创造机会鼓励孩子

赏识不是停留在口头上的赞美，而是一种行动，父母应多给孩子创造发挥他们才智的机会。比如家里人过生日时，鼓励孩子们表演节目；每周一个晚上轮流朗诵短文并发表心得；每月办一次派对，邀请孩子的朋友参加,每人献出一个绝活……

此外,随时找机会让孩子帮你忙,洗碗、拖地、收衣服……越做越有信心,孩子才不会退缩在自卑自闭的角落里。

(3)多给孩子一点时间

赏识就是一种宽容,既然给孩子机会,就需耐心等待孩子发挥潜力。有些父母嫌孩子做不好事,干脆自己来,孩子也乐得坐享其成,而让自己的"天资"睡着了。另一些父母,当孩子一时达不到自己的要求时,就一味地指责、批评,孩子的潜能就被压抑住了。

(4)不要吝惜你的赞美

当孩子取得一定的成绩时,给他赞美和鼓励的掌声,因为即使是个天才,也同样需要成功的体验来积累信心。

5 允许孩子有"自我优越感"

爸爸妈妈或许会发现,当孩子处在一个陌生的环境中的时候,会变得很紧张,尤其是当孩子面临着环境突然变化的情况的时候,内心根本不知所措。有的时候,当孩子在做一件事情失败之后,往往会失去了信心,在以后的事情中根本不敢再尝试。所以说,为了避免孩子出现遇事紧张和胆怯的心理,家长就应该培养孩子的自信心,让孩子无论在什么环境下都能够做到"自我感觉良好"。

这就要求爸爸妈妈在平日里多注意自己的言行,千万不要在孩子考试没考好之后，对孩子嚷道："看你就考这点分数，还扬扬得意，一点羞耻心都没有，你好意思将这点分数拿给我们看呀？"更不要在孩子面对环境变化紧张的时候说："看把你吓得，不就是换了一个环境，你至于紧张成这个样子吗？"爸爸妈妈要懂得安慰孩子，要懂得让孩子变得更加地自信，就不应该总是在责备孩子，要知道信心是进取心的支柱，是有无独立工作能力的心理基础。自信心对孩子健康成长和各种能力的发展都有十分重要的意义。

张翰平时的短跑成绩很好，在三年级的时候，就被学校选为了体育特长生。张翰的妈妈薛艳华对此感到十分的开心。但是自从张翰参加完运动会比赛之后，好像他就一直不怎么开心，尤其是不喜欢跑步。

张翰在前两次参加运动会百米快跑中，都得了冠军，因此，他信心很足。但是上一次的运动会因为没有发挥好，只跑了第三名，而第一名和第二名都是比自己小的学弟，这让他感觉很没面子。从那次运动会之后，不管妈妈怎么劝他，他都不愿意再跑步了，并且做事情也是很没信心，一遇到困难就会退缩，甚至不是主动地去克服困难，而是直接放弃。

为此，薛艳华十分担心，她害怕自己的儿子变得没有了自信，做事情也不能够像以前那么从容。一次，薛艳华给张翰讲述了一个故事，告诉儿子在什么地方跌倒就要在什么地方爬起来。听完故事孩子似乎明白了什么，便开始每天早上起来跑步锻炼。

在第二年的运动会上，张翰又一次报名参加了比赛。当时，很多同班学生都在背后说张翰肯定跑不了第一，有的说张翰已经没有了当年的实力。但是张翰似乎没有在意他们的话，仍然十分自信，又一次成为了百米快跑的冠军。

第3课 信 念

其实，每个孩子都希望自己能够是第一名，但是现实中却有很多的困难在等待着孩子。爸爸妈妈要正确地引导孩子，正如薛艳华一样，当孩子没有自信之后，她能够寻找机会和选择适当的方法来激励孩子，从而让孩子再次获得自信。不管在什么情况下，对于男孩来讲，从容自信才能够成功，这是毋庸置疑的事实。

生活中，爸爸妈妈要怎样培养孩子的从容自信呢？

（1）与孩子之间保持协调的关系

亲子关系往往在很大程度上决定了孩子的自信心程度。培养孩子的自信心，首先就要求爸爸妈妈检查一下自己，看看我们与孩子的关系是否有助于孩子自信心的培养。如果孩子能够感觉到来自父母的喜欢和支持以及尊重，孩子的感觉会变得很好，因此，往往就会变得活泼愉快起来，做事情也会变得积极热情和充满自信，即便是遇到对他们不利的环境，他们也会能够从容应对。

（2）爸爸妈妈要重视言传身教的力量

为孩子创造自信的环境十分重要，尤其是当孩子遇到困难的时候，要对孩子说一些鼓励的话，如"你一定能行，你肯定做得不错"。因为孩子还小，对自己的评价往往是来自妈妈的。当爸爸妈妈肯定自己的时候，他们自然会更加相信自己的直觉。

（3）重视与保护孩子的自尊

爸爸妈妈肯定知道多赞许、少责备是有助于提高孩子的自尊心的，因为有高度自尊心的孩子，往往会对自己所从事的活动也充满信心，而相反缺乏自尊心的孩子，不愿参加集体活动，认为没人爱他，缺乏自信。因此，家长千万不要用尖刻的语言来讽刺孩子，这样是不利于他们建立自尊心和自信心的。

（4）让孩子从成功的喜悦中获得自信心

男孩是需要适当的成功的，因为成功的体验会激励他们更加的积极，并且这种环境也是培养他们自信心的关键因素。因此，爸爸妈妈应在孩子取得一定成绩之后，给予鼓励。

第 4 课

意 志

百折不断，才是利剑

西点教官要求学员必须经常问自己这些问题：

"你能够战胜多少困难，承受多少侮辱、多少误解和多少诽谤？"

"别人的责难是否让你退缩，或者只是使你更坚强，更坚定你的决心？"

"你可以毫不退缩地坚持到什么程度？"

这是西点军校对学员意志力的强化，其目的是让学员们坚信：即使所有人都反对你，你也可以继续战斗；即使生活在最黑暗的日子里，也可以让勇气照亮未来。只要意志不倒，就没有任何敌人能够打败你！

西点认为，钢韧相济，顽强有力，是一个优秀军人意志良好的表现。若缺少了其中任何一个方面，军事素质都是不达标的。西点军校与其他学校有所不同，他们的宗旨是培养最优秀的军人，这些人本身就比别人多一份责任，如果心理素质不够强硬，如何能够承担得起？是故，为了锻炼学员的心理素质，西点军校时常会组织学员进行抗逆训练，着重培养他们不畏艰辛、吃苦耐劳以及逆境求生的坚韧意志。就像艾森豪威尔将军所说的那样："抗逆境训练，训练的不仅仅是你们外在的身躯，还训练着你们的内心，一个军人，必须拥有足够强大的内心，将来他才能够面对困难和失败，甚至是鲜血和死亡！"

在西点军校发给新生父母阅读的手册中，校长告诫说："对许多人来说，从超级大国百姓自由散漫的环境到军人紧张热烈且纪律严明的环境，会有一个困难而又痛苦的过程。你们的理解和鼓励对帮助你们的孩子克服前进途中遇到的艰难险阻是必不可少的。"校长继续解释："新生制度是使一个年轻人从老百姓变为一名军校学员乃至最终成为一名陆军军官的发展过程的根本要素。新生制度具有三个基本功能：把一个年轻人变为职业军人；把那些不适应严格生活的学员筛出去；为高年级学员掌握领导艺术提供必要的条件。"

西点制定了严格的纪律和规章，涉及方方面面。比如，不能擅自从食堂带回食物，不能两手插兜，不能床铺不整，不能询问无关紧要或不该问的问题，不能让枪支生锈，不能借图书逾期不还，不能出言不逊，甚至不能在队列中打呵欠，不能写错报告表上的日期，拼错一个字母，等等。如果犯错，学员要受到处罚，严重的就会被开除。

到了第三学年，学员们还将受到极富挑战性的历险训练，如到巴拿马进行热带丛林作战训练，或到阿拉斯加北部进行野外滑雪作战训练，或到科罗拉多进行驾驶直升机和野外生存训练。如果学员们经不起残酷的考验，那么就会被淘汰回家。当年，巴顿将军在上完最后一节课后，如释重负地在笔记本上写道："谢天谢地，作为士官生的最后一节课终于结束了。"大浪淘沙，严苛的淘汰规定下，西点淘汰了沙子，得到了满意的金子。而这些金子般优秀的学员往往都是守纪律、有决心、有毅力，坚强不屈的人。他们从身体到灵魂，如同铜铸般坚不可摧。而只有这样的学员才能走出西点，在残酷的战场上或者竞争激烈的现代社会上建功立业。

毅力，对于军人而言，是一种非常重要的品质，也是西点学员必须拥有的正能量。西点军校黛安.M.瑞恩上校一再向他的学员强调："毅力就是一种阻力挡不住、挫折击不垮、失败压不倒的气魄。面对挫折时，要记住告诉自己：不要认输，你的人生还没有成定局，只要你有信心、有决心、有恒心，成功是早晚的事情。"

家教承接：男孩皮实些，长得更茁壮

❶ 溺爱其实是一种残害

古人云："虽曰爱之，其实害之；虽曰忧之，其实仇之。"这是对"溺爱"一词最好的注解。人世间的种种感情，没有比得上父母之爱的。但是只有爱，不见得就能教好孩子。

曾看过这样一幅漫画：

一个小男孩在客厅看电视，玩玩具吹着空调，而他的爸爸、妈妈在厨房正忙着给他做饭，热得满头大汗。开饭了，孩子的动画片还没有看完，妈妈便把饭菜端到客厅，妈妈负责喂小男孩，爸爸则负责哄小男孩吃饭。动画片演完了，小男孩却不想吃饭，于是爸爸开始做各种滑稽表演，终于，小男孩笑了，妈妈这才喂上一口。

你知道运用什么方法，一定可以使你的孩子成为不幸的人吗？这个方法就是对他百依百顺。真想问问漫画中的爸爸、妈妈，你们不累吗？这样的爸爸妈妈应该及时警醒了，因为你们这样做会把孩子推入深渊的。

还曾看过一条新闻：一个大学生，每次吃鸡蛋，都是母亲剥完壳他才吃。有一次在学校食堂吃饭，一个鸡蛋，他没剥蛋壳就吃了。还说："这

第4课 意志

个鸡蛋怎么和家里的不一样呢?"看了这条新闻,人们都会笑他太笨,可这就是溺爱造成的恶果。

生活中,很多父母总喜欢给自己的孩子无微不至的呵护,把孩子的事情都包办下来,一一为孩子做好。这些父母似乎不知道,我们教育孩子的最终目标是要让孩子能够适应他们自己未来的生活。因此,日常生活中应当教导他们学会独立地生活,而不要总觉得他们这也不会那也不行。

训练孩子的独立能力,家长们可以教导孩子从一些简单的工作着手,例如早晨起床自己穿衣、刷牙等。这些不仅是日常生活的步骤而已,它更能训练孩子自动地管理自己的行为,培养孩子的自立精神。

大人既要放手让孩子自己走出去,又要保证我们的孩子能够"安全出行"。一方面需要爸爸妈妈对孩子进行严格地训练,另一方面却不是"三分钟热情"能够解决的。比如,培养孩子一些简单的日常生活习惯,刚开始家长和孩子都会很热心地按计划实行,但是时间一久,一些家长就不耐烦了,这种对孩子缺乏长久性和一贯性的培养,反而会在孩子的性格中留下很多负面影响。

与父母过分的叮嘱和过分的呵护截然不同的教育方式是重视培养孩子的自理能力和自强精神。发达国家中的父母们,在教孩子独立自强这方面所取得的成功,尤其值得我们好好地研究与借鉴。

举例来说,在美国,家庭教育是以培养孩子富有独立精神、能够成为一个自食其力的人为出发点的。父母从孩子小时候就让他们认识劳动的价值,让孩子自己动手修理、装配摩托车,到外边参加劳动。即使是家庭富裕的孩子,也要自谋生路。美国的学生有句口号:"要花钱自己赚!"乡村家庭要孩子分担家里的割草、粉刷房屋、简单木工修理等活计。此外,还要外出当杂工,出卖体力,如夏天替人修整草坪,冬天帮别人铲雪,秋天帮人扫落叶等。在富足的瑞士,父母为了不让孩子成为无能之辈,从小就着力培养孩子自食其力的精神。譬如，一个十六七岁的女孩子，从初中一毕业就去一家有教养的人家当一年左右的女佣人，上午劳动，下午上学。这样做在中国父母看来似乎难以理解，但瑞士父母却认为大有好处。这样做一方面可以锻炼孩子的劳动能力，让孩子寻求到独立的谋生之道，另一方面还有利于学习语言。因为瑞士有讲德语的地区，也有讲法语的地区，所以一种语言地区的姑娘通常到另外一种语言地区的人家当佣人。其中也有相当多的人还要到英国学习英语，办法同样是边当佣人边学习语言。等他们熟练掌握了三门语言后，就去公司、银行或商店就职。长期依靠父母过寄生生活的人，被认为是没有出息或可耻的。

德国父母对孩子从小就培养他们自己的事情自己做，从不包办代替。法律甚至还规定，孩子到14岁就要在家里承担一些义务，比如要替全家人擦皮鞋、打扫房间等。这样做，不仅是为了培养孩子的劳动能力，也有利于培养孩子的社会义务感。而在日本，在孩子很小的时候，就给他们灌输一种思想："不给别人添麻烦。"并在日常生活中注意培养孩子的自理能力和自强精神。全家人外出旅行，不论多么小的孩子，都要无一例外地背一个小背包。父母说："这是他们自己的东西，应该自己来背。"而在中国却常常是父母帮孩子背书包。上学以后，许多学生都要在课余时间在外边参加劳动挣钱。大学生中勤工俭学的现象非常普遍，就连有钱人家的子弟也不例外。他们靠在饭店端盘子、洗碗，在商店售货，照顾老人，做家庭教师等挣得自己的学费。

比较一下中国父母"孩子太小，只能由我照顾"的教育方式，不知爸爸妈妈们做何感想呢？家长们都应该明白，你们是无法照顾孩子一辈子的。

真正疼爱孩子的好爸爸、好妈妈，应该关注的是孩子将来是否能自己应付外面的世界。将一个在父母庇护下，毫无自我生存能力的青年推入未来的社会是最为残忍的事，也是爱孩子的父母不忍看到的结局。想使孩子能成功地走入外面的世界，必须从小开始培养自立与自信。如果我们替孩子做所有的事，便不能达到这一目的。在这样的抚养下成长起来的青年，外表人高马大，内心却是畏畏缩缩，缺乏勇气。这样做使他丧失了自信和勇气，也使他感到不安全，因为安全感是建立在能够用自己的能力去对付处理问题的基础上。我们这种自以为无私的行为，剥夺了孩子发展自己能力的权利，但这恰恰是孩子成长最珍贵的要素。

家长们要记住，但凡孩子能独立完成的事就不要替他去做，就好像要让孩子学会走路，你得先放开手一样，当然，一旦决定"放手"了，就要坚持下去，不要看到孩子做不好事情就又去插手。

❷ 男孩不能生活得太顺

男孩如果没有勇敢的性格，那么长大后就会成为别人眼中的"胆小鬼"。对于孩子来讲，他们自然会有害怕做的事情，并且希望自己做的任何事情都是顺利的。在小的时候，孩子们总会希望无论做什么事情都能够得到来自爸爸妈妈的帮助，再加上在现实社会中，父母们总是心疼儿子会在做事情的过程中遇到困难，恨不得将所有能做的事情都替儿子做了，从而使孩子做事情有依赖心理，失去了独立意识，甚至如果让他一个人去做一件事情，往往会感觉到胆怯。

家长们要明白，你不可能陪伴孩子一辈子，他们要有能力独立地去做一些事情，并且更为重要的是，他们要敢于去做事情，尤其是面对一些小挫折的时候，他们要能够鼓起自己的勇气去面对。在面对挫折时，如果孩子无法击败困难，这个时候爸爸妈妈再出手相助也为时不晚。但是这种培养孩子胆量的机会，一定不要急于掠夺。

可惜，家长们很多时候为了贪图省事，便将所有的事情一起包揽。"看着孩子做那些事情，太麻烦了，又慢还不一定能够做好，还不如我一步到位呢。"爸爸妈妈们总是这样说，"孩子还小呢，这些事是大人做的，应该给孩子创造平坦的成长环境，免得孩子在逆境中失去以后发展的信心。"但是，爸爸妈妈们要知道，你们不可能为孩子打通所有困境的关节，更不能帮助孩子走完他们人生的全程。只有当孩子从小就拥有一颗积极勇敢的心，那么即便父母不在身边，他们也能够独立去解决。所以说家长不妨采取"挫折教育"的方式，适当地让孩子面临挫折，适当地让孩子去锻炼自我，这并不是在刻意地为难孩子，只是为了让孩子变得足够勇敢。

一大早，真真妈妈就开始冲真真大嚷大叫，原因很简单，刚刚幼儿园毕业的真真步入了正式的学习轨道，他成了一名小学一年级的学生。可是现在上学还不到一个月，他突然跟爸爸妈妈说不想上学了，从昨天晚上回来就开始闹着不再上学。真真爸妈好说歹说他都不去。真真爸妈原以为孩子睡一晚上就会好的，没想到这天早上真真还真的不去上学了，在家里也不起床。

在幼儿园的时候，真真是一个特别开朗阳光的男孩，而且头脑也聪明，学习很好，又喜欢帮助其他小朋友，不管是幼儿园的老师还是其他的家长，都夸奖真真是个好学生，是个好孩子，真真爸妈也是尽自己所有的力量帮着孩子去学习，更不会让孩子受到一点委屈。可是，为什么真真刚上小学一个月，就不肯上学了呢？真真爸妈真的有点不敢相信。真真妈妈给学校打电话，问孩子是不是在学校遇到了什么事情，真真的班主任说没有出现任何事情,只是真真每天看起来好累,上课听讲也不够认真。

真真妈妈问他为什么不想去学校,没想到真真却说:"妈妈,上学太累了,每天那么多的功课,科目也多了,老师讲课我真的不喜欢,比我学习好的同学又那么多,老师从来不夸奖我。我宁可一个人在家里也不想去上学了。"这下真真妈妈终于知道为什么孩子不想去上学了,原来他是不适应新的学习环境,再加上在以前的生活中比较顺利,老师和家长都夸奖他、宠爱他,而现在环境突然转变,他很不适应。真真妈妈心想,原来是孩子过得太顺了。

当天,真真的妈妈没让孩子去上学,而是带着儿子回到了老家,当时正是夏天,她带着儿子去田里干活。当时正是中午,阳光很晒,开始真真觉得很好玩,但是干活没多大一会儿,真真就有点吃不消了,他跟妈妈说要回去,这个时候妈妈说:"你看看其他田地中的农民伯伯,他们还在地里干活,我们怎么可以先回去,这样多丢人,要把田地里的草拔完了再回家。"真真看妈妈这么坚决,想着哭闹也是无济于事,便只好跟着妈妈一起干活。

晚上他们回到了县城的家,真真已经累得没有了力气,回到家中,他连饭也不想吃,躺在了床上,这个时候妈妈走进他的房间说道:"儿子,你说是下地干活好还是上学舒服?"真真自然是受不了这种苦的,他说道:"妈妈,明天我去上学。"妈妈听完他的话说:"明天我去送你上学,我会跟你的老师说一下,你如果有什么不懂的就去问老师。"

第二天,真真还真的跟着妈妈去上学了,并且从那次之后,他再也没有说过不去上学。

其实,在孩子的成长过程中,他们有权利去经受一些困难的磨砺,因为只有这样才能够让他们变得坚强和勇敢。如果家长总是担心孩子会被困难吓倒,那么生活必然会将孩子击倒。真真如果在幼儿园的时候不是那么顺利，或者说是他的父母允许他自己去面临一些困难，那么他就不会因为不适应突然转变的环境，而想要放弃自己的学业。所以说家长们要适当地让孩子经历挫折，这对孩子的成长是有很大益处的。

在生活中，家长要如何培养孩子的勇气呢？

（1）即便孩子做得再好，也不要过分地夸奖

爸爸妈妈可能会因为自己的儿子而感到骄傲，但是即便是孩子做了很了不起的事情，也不要过分地夸奖他们，以免造成他们骄傲的心理，从而在面对挫折的时候，变得失去信心。

（2）适当地让孩子自己去完成一件事情，不要插手

不管是什么事情，在完成的过程中可能都会遇到一些困难。这个时候，先让孩子自己去完成，爸爸妈妈千万不要急于插手，锻炼一下孩子，让孩子先自己想想办法。

（3）给孩子创造小挫折，你只要给予鼓励就好

如果发现孩子很胆小，那么爸爸妈妈有责任给孩子创造挫折，锻炼孩子的胆量。在这个时候，孩子自然会感觉到害怕，那么爸爸妈妈就要给予鼓励，让孩子有面对挫折的勇气。

❸ 适应能力要从小抓起

孩子也需要适应外界环境的变化，虽然很多家长认为孩子所生活的环境都是比较温馨的，但是孩子如果没有很好的适应能力恐怕也是不行的。

爸爸妈妈会发现，很多男孩见到自己喜欢的人，就会很快打成一片，

第4课 意志

和对方玩得不亦乐乎，但是对于自己不喜欢的人或者是不熟悉的人，就拒绝和他交朋友。还有的孩子，面对新的环境时会产生胆怯、不知如何是好的情绪，比如我们经常看到一些孩子在上幼儿园的前几天会哭闹不停，还有很多男孩不喜欢接触人，他们宁可将自己封闭在屋子里，自己玩自己的积木，也不喜欢和别的小朋友出去玩，更不希望别的小朋友来玩自己的玩具，这其实都是因为孩子的适应能力太差。遗憾的是，这个时候，很多家长似乎还不那么重视孩子的心理，只是觉得孩子性格上可能有点害羞而已，其实最深层次的原因就是没有很好的适应能力。

家长们应该知道，孩子在长大之后，最需要适应的就是这个大社会。如果一个孩子，尤其是男孩，无法适应身边环境的变化，那么他们内心往往会变得恐慌，甚至是过于紧张，这样对他们的成长是十分不利的。因为他们迟早要面对环境的变化，不可能一直在父母的保护伞之下。爸爸妈妈看到孩子由于不想去幼儿园而哭闹的时候，可能会一时心软，陪孩子很长时间再去上班，这其实会助长孩子的依赖心理。

小时候，磊磊是个很不喜欢出门的孩子，他每天都在家里自己玩，爸爸不在家的时候，他也从来不会想要找邻居家的小朋友玩。即使是去亲戚家，他也会觉得很别扭，待不了多久，他便会哭闹着要回自己的家，似乎在亲戚家十分惧怕。到了亲戚家，他更是不会和别人打招呼，看到陌生人就不敢作声，而是乖乖地躲在爸爸身后。爸爸让他和别的小朋友去玩，他也不敢出去，和别的小朋友在一起也是不敢说话，总是自己傻傻地待在一边看着其他的小朋友玩闹。

磊磊的爸爸看到孩子这样发展下去对他其实并没有好处，但是他也不知道究竟是怎么回事，也不知道孩子为什么会这么害怕陌生的环境。他心想一个男孩这么胆小肯定不行，于是，便向一个朋友请教这方面的问题。

后来，他才明白原来是磊磊的心理适应能力差的原因。

于是，磊磊的爸爸便经常带他去公园、儿童乐园、游乐场等人多的地方玩，并且教给孩子恰当的社交礼仪，教会孩子主动和别人打招呼。慢慢地，磊磊变得开朗了很多，到了新环境里也不觉得拘束了。更为重要的是，磊磊也不每天都待在家里了，从幼儿园回来便和邻居家的小朋友去楼下玩闹。

其实，磊磊的例子告诉我们，他是因为心理适应能力很差，从而面对陌生的人和陌生的环境的时候，便会产生一种恐惧或者是胆怯的心理，因此，在那种环境中，他便表现出来十分拘束的感觉。所以说合格的家长，应该试着让自己的儿子去面对一些新的环境。在这种环境中可能会存在不太友好的因素，但是这也是一种磨炼孩子心理素质的机会和方式。

在生活中，爸爸妈妈们要如何培养男孩的适应能力呢？

（1）平时多让孩子接触人，加强孩子的交往能力

孩子们只有在与别人交际的时候，才能够锻炼自己的胆量和信心，并且能够增强他们的应对能力。爸爸妈妈可以适当地增强孩子接触外界的机会，不要让孩子天天待在家里。

（2）不论什么时候都不要危言耸听，要让孩子看到社会美好的一面

爸爸妈妈在孩子看到社会丑恶的一面的时候要告诉孩子这只是社会中的一种现象，社会中还是有美好的事物存在的，千万不要让孩子从小就惧怕社会。

（3）适当地与孩子分离

孩子一旦离开爸爸妈妈，就很容易产生焦虑情绪，甚至会哭闹，这是孩子内心不安的表现，所以说这个时候父母可以适当地离开孩子的视线，让孩子适应这种没有爸爸妈妈在身边保护的感觉，这样他们会更加容易适

应身边的环境。所以,爸爸妈妈要树立孩子的独立意识,适当地从孩子的视线中"消失"一会儿。

❹ 帮助孩子将压力化为动力

谈到压力,爸爸妈妈或许会这样认为"孩子那么小,他们知道什么是压力呀"。当然,在生活中,很多家长从来没有认识到孩子也会有压力,认为孩子年纪那么小,除了知道玩就是捣乱,怎么可能会有压力呢?其实不然,孩子也是有压力的。

或许孩子的压力在大人看来都不算什么,但是对于孩子来讲,那些压力足以让他们不知所措,或者是不敢前进。作为家长,就要学会帮助孩子将压力转化为动力。当孩子说"爸爸(妈妈),我有压力"的时候,家长不要笑他说:"小屁孩有什么压力,不就是学习吗?那么简单,还有什么压力。"孩子自有孩子的烦恼,所以说要懂得理解孩子的烦恼和压力,告诉他们:"孩子,压力是可以变成动力的。只有面对压力,你才有进步的勇气。"

或许很多父母在看到孩子有压力的时候,第一个想到的就是替孩子去解决事情,用自己的双手帮助孩子从压力中解脱出来,其实这是不对的。因为孩子的压力往往对于大人来讲是很容易就能够解决的问题,但是如果父母每次都伸出自己的手帮助孩子去解决本应该属于他们的问题,那么可想而知,在以后的生活中,压力肯定会越来越多,而孩子能够承受的压力恐怕是越来越少了。

窦一夫的儿子已经九岁了，因为孩子的个子比较高，再加上在学校喜欢踢足球，所以很快就进了学校的足球队。在足球队中，其他的小球员们都比儿子年龄大，也比儿子练球的时间长，所以儿子在队中也是有压力的。因为自己的球技不如别人，所以儿子每天放学之后，完成作业还要在自家院子里踢一会儿球。

窦一夫看出来儿子十分喜欢踢足球。虽然儿子有些辛苦，不但要把文化课搞上去，还要不断地练习球技，但是儿子从来没有喊过累，叫过苦。儿子喜欢踢足球，所以每次练习踢足球都是兴高采烈的。

可是有一天他垂头丧气地回到家里，当时窦一夫正在看电视，看到儿子回来了，还像往常一样逗儿子笑："小陈回来了？"但是今天儿子没有笑，也没有吱声，只是低着头放下书包，看起来儿子是有心事，也不着急写作业了，好像是不打算练球一样。

窦一夫问儿子发生了什么事情，平时父子俩就像朋友一样，有什么话都说，儿子这次也没有例外，他告诉父亲说："爸，你说我该怎么办呀，还差两个月学校就要举行足球比赛了，我们学校要和实力很强的蓝营小学的足球队比赛，我很想参加，但是自己的足球踢得的确不如别的球员好，因为他们都已经练了好长时间了。再说，两个月之后，又要期中考试了，文化课我也要好好学习。现在我压力很大，真的不知道怎么办了。"儿子停了一下，继续说道："如果我不参加这次足球比赛，那么我会很不甘心的，但是如果我参加了，万一因为自己踢得不好，让我们学校输了，那么我可就成了千古罪人了。如果我想要踢得更好，就要利用更多的时间去练习，那么这样必然会影响到学习文化课的时间。爸，我真的压力好大哦。"

听完儿子的话，窦一夫就明白了儿子为什么这么苦恼和没精打采。他对儿子说："儿子，是人都会有压力，如果你没有这种压力，你会选择拼

第4课 意志

命地挤时间去踢球吗？依爸爸看，你就应该有压力，要是换成爸爸，爸爸也会有压力，但是并不是说有压力之后，就应该这样垂头丧气的。"儿子接着爸爸的话说道："但是我不知道怎么办呀？"

随后，窦一夫问儿子如果不让他参加这次足球比赛，他会不会甘心。儿子坚定地说当然不会甘心，窦一夫没有帮助儿子做决定，而是让儿子好好想想，怎么样才能让自己甘心，怎么样才能够把压力转化成动力。

第二天一大早，儿子又变得开心起来，窦一夫问儿子是不是想通了，儿子回答道："爸，我要练球，每天中午我吃完饭也会去练球，这次比赛我一定会参加，并且还会付出自己最大的努力。至于文化课，我肯定不会落下，期中考试的时候我会保证考到全年级的中上游。爸，你觉得这样行不行？"

窦一夫听完儿子的话之后很开心，说既然已经决定了就要朝着这方面来做，他相信儿子会做得更好，会实现自己的目标的。

其实，孩子不管是在学习中还是在生活中，都会遇到困难或是压力，这个时候他们需要的可能只是父母的简单引导，或者是语言上的鼓励。就如同窦一夫听完孩子的话之后，他只是给孩子梳理了一下思路，并没有给孩子做出决定，这样是有利于孩子按照自己的意愿将压力转化成动力的。合格的家长不是在孩子承受压力的时候漠不关心或者是指手画脚，而是给予精神上的支持和鼓励，做出简单的引导。

那么，具体到现实生活中，爸爸妈妈要如何帮助孩子将压力转化成前进的动力呢？

（1）聆听孩子的思想，表示理解孩子的压力

首先当然是要认真和耐心地聆听孩子究竟是为了什么事情而感受到了压力，千万不要轻视孩子的压力，因为对于孩子这样的年龄段，那些事情足以让他有压力。听完孩子讲述的压力之后，要表示自己很理解他，知道

他是有压力的,这样会让孩子感受到一种尊重和被理解。

(2)帮助孩子捋顺思路,不要急于帮助孩子做出决定

当孩子不知道怎么做的时候,他的大脑肯定有很多纠结的地方,这个时候父母要做的就是以"旁观者"的身份,帮助孩子捋顺思路,让孩子弄明白自己到底想要得到的是什么,要实现的是什么,但是千万不要按照自己的思维,帮助孩子做决定。如果你将自己的决定强加给孩子,那么他们是不会为了这个决定而付出努力的。

(3)当孩子不知道怎么决定的时候,可以给出自己的建议

当孩子真的无法面对这种压力的时候,爸爸妈妈可以适当地给出自己的建议,建议孩子怎么去做。即便是这样也不要急于帮助孩子去做具体的事情,要训练他的独立性。

❺ 巧妙激发孩子的好胜心

俗话说"请将不如激将",这是什么道理呢?心理学上讲,每个人都有自尊心,但有时自尊会受到压抑,这时你故意刺激他,使他的自尊心解放出来,形成一种好胜心理,这也被称为人的心理代偿功能。激发计就巧妙地运用了人的这种心理特点,而把这个计策运用到孩子身上去,也同样有效。

爱因斯坦有一个叔叔叫雅各布,是一个工程师,也是一个数学爱好者。

爱因斯坦小时候成绩不好,但却爱问叔叔一些奇奇怪怪的问题,叔叔总是耐心地给他解答。到读中学时,爱因斯坦对数学产生了浓厚的兴趣,

第4课　意　志

数学成为他中学时代最大的业余爱好。而叔叔雅各布就经常关心爱因斯坦的数学学习。有一天叔叔和爱因斯坦聊天，谈到了代数。"究竟什么叫代数？"爱因斯坦问叔叔。

叔叔解释道："代数很简单呀，凡是不知道的东西，都把它叫作X，然后我们一步步地来找X，一直要到找到X为止，只有找到X，我们的题目才解出来了。"

从此以后，爱因斯坦常常听叔叔讲趣味数学题，因此他对这种藏有X的趣味数学题开始着了迷，他一放学就一个人在自己的桌子上又写又算。

有一天叔叔在纸上画了一个直角三角形，在各个角顶处标上了符号A、B、C，并写出 $AB^2+BC^2=AC^2$ 这样一个公式，然后严肃地对爱因斯坦说："这就是大名鼎鼎的毕达哥拉斯定理，阿伯特，你在数学方面有天赋，你也来试试吧，毕达哥拉斯在两千多年前就会证明了。难道两千多年后的阿伯特就不能证明出来？"

那时爱因斯坦还未学习过几何课程，12岁的他对几何一无所知。但爱因斯坦自尊心强，而且生性好强，尤其在科学的探讨上从不肯认输，有一股钻研的蛮劲。他被叔叔的一席话激发了。他想："毕达哥拉斯两千多年前就会证明了，难道我阿伯特·爱因斯坦就不会做？我又算什么呢？"强烈的好胜心驱使着他，他下决心试一试。他每天苦苦思索，努力寻找证明的方法，第一周过去了，第二周也过去了，还没有任何结果。爱因斯坦并不气馁，他继续反复琢磨和思考，终于在第三周独立地把这个定理证明出来了。

爱因斯坦的叔叔雅各布在引导爱因斯坦做几何题，证明毕达哥拉斯定理时巧妙地运用了激发计，他那句"难道两千多年后的阿伯特就不能证明出来"的话极富挑战，故意刺激爱因斯坦的自尊心，激起了爱因斯坦的自尊心、好奇心和好胜心，于是12岁的爱因斯坦虽然从未学习过几何课程，但自尊心、好奇心、好强心驱使着他，他决心试一试，凭着他的天赋和一股不服输的蛮劲，用了三个星期苦苦地思索，爱因斯坦终于把这个定理证明出来了。由此可见，雅各布在侄儿爱因斯坦身上运用激发的教育方法收到了很好的效果。

要使激发达到良好的效果，也要注意方法得当。首先，被刺激的孩子要有较强的自尊心。比如《世说新语》中有一个故事，讲有一个叫周处的人"凶强侠义，为乡里所患"，许多亲朋好友都劝他学好，可他不听。不过他也有优点：有侠气，曾自告奋勇地上山打死了猛兽，下海杀死了蛟龙。于是，有一个老人为了让他改邪归正，故意激他说：乡里人有三怕，怕猛兽、蛟龙，现在这两怕都给你征服了，只剩下"一怕"了。周处问："哪一怕？"老人坦然地告诉他说："就怕你周处横行霸道啊！"周处听后，劈手自击，发誓要把这一"害"征服。从此，他痛改前非，最后成为众口称赞的好青年。周处劣根性很多，但自尊心很强，老人在这里直言他也是"一害"，用了"激将法"调动了他的自尊心，起到了平时规劝起不到的作用。但是，如果被激的孩子自尊心不强，你用"激将法"激他，也不会有什么作用。

其次，要考虑孩子的实际能力。有的孩子虽然有一定的自尊心，但天赋平平，纵使你的激将法用得再巧妙，也难以调动他的积极性，就是把积极性调动起来了，也难以达到理想效果，有时反而适得其反。

最后，激发孩子要把握一个"度"。因为激发所使用的言辞都是比较激烈的，所以，在使用这个方法时应建立在知己知彼的基础上，建立在孩子能经受"刺激"并转化为"精神能源"的基础上，如果失去了这一基础，就难以如愿以偿。另外，还要注意掌握"激"的度，即分寸，"激"不到一定程度，则引发不起"奋"，但如果"激"过了头，又会适得其反。

第 5 课

勇 气

男子汉守则

没有勇气，就没有胜利

在西点军校，学员必须接受高强度的体能训练，参与相当危险的运动。男生、女生都要修体操、游泳救生和肉搏自卫训练的课程，男生还要修习拳击和摔跤的课程。此外，运动竞赛也是必修课程，而且学员至少有一季要参加团队运动比赛，这些都是有可能受伤的剧烈运动。这些必修课程非常重要，不仅能锻炼学员的体能，同时也培养一种情商素质——勇敢。

西点人坚信，拥有勇气，才能够使原本平凡的人生变得不平凡，胆小鬼、唯唯诺诺的人就算聪明绝顶、才华横溢，也算不得真正优秀的男人，也不可能做成堪称伟大的事业，因为水流的高度永远不会高过它的源头。"如果拿破仑没有足够的勇气和自信，他的军队就不能翻过阿尔卑斯山！"西点教官一直以此激励学员，并要求学员无论做什么事都不得向后退，这种强有力的灌输使西点学员人人以"勇"为荣，所以我们看到，他们之中涌现出了很多卓越的男人，很多真正的成功者。

美国著名将领巴顿青少年时代就雄心勃勃，心存大志，发誓要成为一名勇往直前、毫不畏惧的将军。小时候，巴顿发现自己虽然勇敢，但在危险面前也并非毫无顾虑。因此，他决定锻炼自己的胆量，克服隐藏在自己内心深处的恐惧心理，并时刻以"不让恐惧左右自己"自勉。

1944年6月，西方盟国与法西斯德国之间的最后大决战以诺曼底登陆为先导打响了。在随之而来的一系列重大战役中，巴顿充分发挥装甲部队快速、机动和火力强大等特点，采取长途奔袭和快速运动的战术，以超常规的速度在欧洲大陆上大踏步前进,不顾一切地穷追猛打,长驱直入,穿越法国和德国,最后到达捷克斯洛伐克。

在推进过程中,巴顿抓住一切战机迅速果断地围歼敌军。在281天的战斗中,巴顿率领的部队在一百多英里长的作战正面向前推进了一千多英里,解放了130座城镇和村落,歼敌一百四十余万,为解放法国、捷克斯洛伐克等国家并最终击败纳粹德国立下了汗马功劳。

巴顿创造的战绩是巨大的,也是惊人的。正如驻欧洲盟军总司令艾森豪威尔将军在战后所说:"在巴顿面前,没有不可克服的困难和不可逾越的障碍,他简直就像古代神话中的大力神,从不会被战争的重负压倒。在"二战"的历次战役中,没有任何一位高级将领有过像巴顿那样神奇的经历和惊人的战绩。"

在作战方面,巴顿堪称世界现代战争史上最杰出的战术家之一,其主要特点是勇敢无畏的进攻精神。巴顿特别强调装甲部队的大范围机动性,尽一切努力使部队推进、推进、再推进。巴顿在战斗中的一句口头禅是:"要迅速地、无情地、勇猛地、无休止地进攻!"有时,他下令:"我们要进攻、进攻,直到精疲力竭,然后我们还要再进攻。"有时,他对部下说:"一直打到坦克开不动,然后再爬出来步行……"正是这种勇敢无畏的进攻精神,使得巴顿率领的部队在战场上所向无敌,无往而不胜。

巴顿的勇猛无畏,使他赢得了"血胆将军"的称号,并因在"二战"中立下赫赫战功而被授予"四星上将"的军衔。

勇敢是一种积极情绪,而恐惧则是消极情绪。两者水火不容,你要么强大有力、充满信心,要么就虚弱、感伤。面对一项重大的工作总是采取回避态度,任何破坏你的勇气的东西都会破坏你的力量、效率及能力。

像巴顿那种曾引领这个世界的勇敢者,都曾经做过一些在常人看来不可能、不能成就的事情,这就是他们会成为真正的领导者的原因。

家教承接：男孩要勇敢，未来才丰满

❶ 孩子的胆识取决于父母

在孩小的时候，父母很不希望孩子有"胆识"，因为那意味着孩子"野"、"调皮"、"不踏实"、"容易闯祸"。诚然，对于年龄较小的孩子来说，"有胆识"确实很容易给家长们带来麻烦，给孩子自身带来伤害。但我们也必须承认，随着孩子一天一天地长大，胆识对于他们来说，越来越重要，适当地给孩子些机会，让他们锻炼胆量、增长见识，在他们的成长历程中，至关重要。

在传统教育模式下，学习成绩好的孩子显得比"坏孩子"更加缺乏胆识。就"胆"而言，"坏孩子"往往具备较强的社会交往能力，因为相对于中学环境，大学更像是一个"小社会"。在这个社会环境中，交友圈基本都要自己去开拓，认识新朋友，融入某些团体，都需要学生自己去做。"坏孩子"具有这种"天然"优势，因为他们本来过的就是这样的生活。

好孩子则多少有些不适应这种"小社会"，他们往往是"不敢"主动接触，有点不知所措。他们从小就被人"领"着去接触社会，从小就缺少一种"从零开始"的经验和胆量，在交往中表现为"怯"。同时，各种学生团体、爱好组织中，处处也都有"坏学生"的身影。

当然，好学生们也有着特长和兴趣爱好，他们也乐于参加一些社团，参与一些社团组织的活动。但是，我们会发现，一些个性张扬、彰显特色的兴趣社团更多地属于"坏学生",尤其喜剧、音乐等需要表现个人能力的社团更是如此。令人更奇怪的就是,"坏学生"在这些团体中,往往是作为"领导者"、"组织者"或"意见领袖"出现,而好学生显然更加愿意服从社团的组织,不太愿意挑选角色和位置,通过自己的特长和努力为组织"添砖加瓦"。

就"识"而言,"坏孩子"的优势则更加明显。一般来说,"坏孩子"往往比好学生有更多的见识。因为"坏学生"一般不会满足于两点一线的生活方式。他们的生活一般会很丰富,朋友也会很多。所以,更多的经历使得他们比好学生能更多地接触社会,接触到方方面面的事情。单纯对于学习来说,"见识"并不能起什么直接的作用。无论你眼光多么独特,也不会比千年来、无数人总结的理论更正确。因此,要学习好这些理论,"见识"的作用并不大。

但是,在今天多元化教育的时代,一个学生的见识,更能体现他的综合素质。我们记得,在20世纪末21世纪初,"新概念作文大赛"在我国教育界启动以后,"新概念作文"成了语文教育的一大亮点。它强调让学生真实、真切、真诚、真挚地关注、感受、体察生活。而韩寒、郭敬明、张悦然等"新概念作文"培养出的作家中,许多人成绩并不好甚至也可以说是一种"坏学生",但他们却在学习之外的其他领域获得了巨大成功。

具备胆识的孩子更容易走向成功之路。因为具备"胆识",在需要力排众议的时候,不会瞻前顾后;在发现机遇的时候,不会犹豫不决;需要做出果断的处置时,不会畏首畏尾。

作家塞万提斯曾经说过:"丧失财富的人损失很大,可是丧失勇气的人,便什么都完了。"对于一个人来讲,如果说,失去了机会就失去了很多,但是如果丧失了勇气那就失去了全部。

若想成就事业,胆识是必不可少的个人特质。在一定时候,胆识能起到决定性作用。凡是有成就的名人和伟人,无不胆识过人。

有胆识的人比别人更"快"地注意到机会的来临并把握它。机遇总是转瞬即逝，当机遇擦身而过时，别人还来不及反应、来不及考虑清楚是否需要把握它，有胆识的人已经在瞬间做出了决定，也许别人还在观望，但此时的他们已经开始了自己的行动。

有胆识的人比别人更"准"地把握时机。他们的思想从来不会被过去的经验和条条框框所左右，他们有着敢为天下先的勇气。如此，他们就会更多地尝试他们那些大胆的想法，使得他们能获得更多的发展机会。机会多，成功率自然就高。

真正有胆识的人比别人更有"智"。有胆识的人绝不是一介莽夫，他们往往智勇双全。他们能在学习、工作、生活中发现更多的"路"，并且用自己的头脑判断这些新发现、新思路。

有胆识的人比别人更能"隐"。这个"隐"指"隐忍"，人总有失败的时候。面对失败，有的人输得起，有的人则一蹶不振。有胆识的人相信自己能赢，相信自己的能力。他们不服输、不认输，他们往往像一名坚强的战士，在生命的战场上总能"背水一战"、绝处逢生。无疑，以上这些心理素质使得有胆识的人更接近成功之路。

那么如何培养孩子的胆识？家长们可以参照以下几点：

（1）支持孩子大胆地去做事

父母教育孩子，对孩子未成熟期的保护应该随着孩子的发育成长减少，并随着孩子的成长加强对孩子单独生活、适应社会的能力的培养。

（2）鼓励孩子大胆地说话

一些孩子不喜欢说过多的话，对这种孩子，爸爸妈妈应尽量少讲"你一定要这样或那样做"之类的话，而应多讲"你看怎样办"、"你的想法是什么"这类的话，给孩子一个独立思考并发表自己意见的空间。

（3）鼓励孩子多与社会打交道

有些性格懦弱的孩子仅仅习惯于同自己熟识的人待在一起，与社会上的人打交道时就会产生一种潜意识的惧怕。因此,爸爸妈妈在孩子小时就要培养他们为人处世的能力。

❷ 于生活细处培养勇敢精神

我们都希望自己的孩子具备勇敢的品质,但有些孩子胆子却很小。比如有的孩子每当父母不在身边时就会感到害怕,有的孩子怕黑,有的孩子怕"鬼怪",等等。这是在培养孩子的过程中父母出现了问题。这主要表现在三个方面:

(1)家长喜欢吓唬孩子

很多父母在孩子不听话或是哭闹时,就会采取恫吓的方式逼孩子乖乖听话。比如说:"你要是再哭,我就把你送到山里喂狼!"以类似的话语恐吓孩子,导致孩子丧失了安全感,因而变得胆小怯懦。

(2)"圈养"导致孩子怕生

很多父母因为过分担心孩子,常将孩子"圈养"在家中,使得孩子的生活圈子非常狭小,甚至有可能十天八天见不到生人,这使得孩子容易一见生人就躲,旁人一抱便哭。到了幼儿园,碰上新环境、新老师,则更是胆小。

(3)限制太多

父母限制孩子的活动自由,将外界一切事物塑造成毒蛇猛兽,这在很大程度上伤害了孩子尝试的勇气。造成孩子不敢从尝试与实践中获得知识,取得经验,这同时也造成了孩子的胆小怯懦。

因为胆小,孩子在公众场合不敢发言,在面对陌生人或在一个不熟悉的环境中时，他们往往会害羞，显得局促不安，不能与人坦率自然地交往；在学习和生活上，胆小的孩子总是缺乏主动性、勇气和信心，所以可能错过了原本属于自己的成功和机会。可以说，胆小是孩子成长、成功道路上的绊脚石。

为了避免以上问题的出现，父母应该注意自己的教养方式，在日常的小事中就注意培养孩子的勇敢精神。

有一次，欢欢着凉患了感冒，吃了一些药仍不见好转。妈妈只好带他到医院看病，医生建议要打针，否则高烧可能引起肺炎。可妈妈听到后有些担心，不自觉地皱起了眉头。

欢欢第一次听到"打针"这个词，然后看到妈妈神情紧张，又看到医生忙碌地摆弄针头和药品，就"哇"的一声哭起来。当医生把注射器扎下去时，欢欢哭得更厉害了，妈妈后来知道是自己紧张的神情影响了欢欢，她决定第二天采取另一种态度。

第二天，妈妈又带欢欢去医院打针。欢欢一看到昨天那个医生就立刻哭起来，这一次，妈妈平静地说："欢欢，打针没什么可怕的，你昨天不是刚打过吗？没什么啊。"

"可是，我怕疼……"

"疼有什么好怕的，妈妈小时候不知道打过多少次针呢，为了治病，这点疼算得了什么？我相信你是个勇敢的孩子。"

欢欢听到"勇敢"这个词，顿时忘了害怕，这一次，他不仅没有哭，还和医生聊起天。

由此可见，很多时候，锻炼孩子的勇气，往往是对父母勇气的考验。如果父母对困难或危险感到害怕，那么他们培养出来的孩子就不可能勇敢。每当孩子遇到"棘手"的事情或遇到困难时，父母应该给予鼓励，让

第5课 勇气

孩子勇敢地去闯,那么孩子也是能闯过去的。

只有让孩子勇于尝试,他才能知道事情的真相;只有锻炼孩子的勇气,才能让孩子变得勇敢。每一个孩子都是一个天才,重要的是大人们要去挖掘。培养孩子的勇敢精神也是一样,只要家长肯给孩子鼓励,那么孩子是不难做到勇敢的。

培养孩子的冒险精神,家长可以从以下几点做起:

(1)父母要找到孩子的恐惧源

只要找到孩子的恐惧源,才能对症下药,给予孩子适当的教育和引导。一个幼年孩子也许会怕黑暗、动物、噪声、陌生人等,大一些的孩子可能会害怕被同龄人遗弃、害怕失败、害怕失去亲人、害怕原子弹爆炸后的人类灭绝等。

(2)帮助孩子克服恐惧的心理

如果孩子害怕的东西很实际(例如怕狗或是怕黑),那就要和孩子一起面对它,只有经过耐心的循序渐进的鼓励和引导,孩子才会慢慢克服恐惧的心理。

(3)让孩子在挑战的环境中锻炼勇气

我们不仅仅要帮助孩子克服恐惧心理,还要把孩子放在充满挑战的环境中,让孩子得到勇气的锻炼。只有经过失败和风险的磨炼,孩子才会真正勇敢起来。例如骑马、搏击、潜水、登山、探险、极限生存挑战等,都是孩子锻炼体能和勇气的方式。但是,要想超越感情和精神的极限,就需要大量的时间和人生经验了。

❸ 不要打击男孩那颗英雄心

每个男人在幼年的时候都曾经立誓要做个英雄，在这一点上爸爸绝对是一个过来人。尽管和儿子当下的英雄感有着某种时代的跨越，但当时的感觉肯定是一样的。因此，面对男孩时不时的英雄情结，家长千万不要打击和否定，相反给他一个当英雄的机会，说不定他会因成就感变得更加优秀。

不论是男人还是男孩，假如没有点英雄情结必然少了那么点阳刚之气。假如爸爸回忆自己的童年，必然也会联想起当年心中崇拜的偶像，他们个个替天行道，勇敢而正义。也许在这些英雄形象当中有很多人物是虚构出来的，但就在那个时候却让很多现在做了爸爸的人时常产生幻想，认为自己就是那个英雄的主角，能够行侠仗义，总是能在第一时间出现在需要帮助的人面前，成为众人的期待，领受大家的敬仰。

同样，现在的孩子也常常会有类似的行动，他们常常会幻想自己是某个故事中的英雄，武功盖世，势不可当。尽管他们当下是那么的弱小，却总是渴望马上过一把当英雄的瘾，靠自己的能力保护身边的所有人。尽管这个出发点是好的，可作为一个孩子，很多行为真的让大人无法理解。他们常常会把家中的晾衣架当成自己替天行道的宝剑，本来是想在家里尽情幻想一番，却在不经意间打碎了放在桌子上的花瓶。他们常常想学着电视里的情节英雄救美，却发现事实并没有沿着自己希望的方向发展，要么被老师以与同学打架闹不团结为理由进行一番严厉的批评，要么就是因为对方过于强大，一个屁墩摔到了一边。总而言之，男孩的英雄情结常常会给家长带来各种各样的麻烦。

第5课　勇气

作为父母，平时工作很忙，压力很大，回家看到孩子拿衣架打碎的花瓶玻璃心中必然会升起一团怒火："在家不好好待着，没事儿拿衣架打花瓶玩儿干吗？我在外面玩命赚，你就在家里玩命摔，怎么养了你这么败家的小祸害……"假如男孩因为英雄救美没成功，在班里受到批评请来家长，很多父母一时之间就会觉得很丢人："上学不好好上，还没事和同学打架。老师要请家长，我还得一个劲儿地赔不是，要万一给人打坏了怎么办？"

其实，男孩生性好动是很正常的事情，假如一个男孩在童年时期没有闯过几次祸，那只能说明他在性格上绝对是比较孤僻的孩子，需要大人细致入微地帮助和引导。假如他们因为想做英雄而难以得到大人的理解，或是因为这个理想常常遭到大人们的嘲笑和打击，时间一长内心就会产生一种自卑和失落，即便是以后遇到一些自己完全可以凭能力解决的事情，他们也会开始对自己产生怀疑，再也捡不起昔日的自信，这对于一个男孩未来的人生轨迹都会产生相当不利的影响。

亮亮曾经是一个活泼的男孩，可是最近家人却发现他总是闷闷不乐，只要一遇见事情就会不由自主地去逃避，倘若有人问他为什么不去做，他便抿着小嘴嘟囔说："我没有他们优秀，做什么都做不好，干吗要去那里丢人？"

原来亮亮以前特别爱看动画片，那些动画片里的英雄形象总是会吸引他童真的目光，他时常幻想自己能跟他们一样，具有超凡的能力，三下两下就可以把敌人打得片甲不留。随着这种想法的加深，亮亮开始辨不清自己究竟是身在虚幻中还是现实里。于是，只要他一看到自己认为可以行侠仗义的事情，就忍不住要上去管一管。这一管不要紧，每一次亮亮出手以后都会让爸爸妈妈欲哭无泪，他们一面低着头去跟别人承认错误，一面心里一股火一股火地往上冒。尤其是亮亮的爸爸，每次都抑制不住心中的怒火，把亮亮拉到一边就是一顿训斥。

"你到底要干什么？今天把人家小朋友脸抓破了，明天把人家阿姨的包划一大口子。你是不是没事吃饱了撑的啊？一天到晚不知道想什么呢？你跟我说这是怎么回事。""我是想做好事，小刚欺负女同学所以我就上去给了他一下子。至于阿姨的包，我不是成心的，我开始还以为他后面的那人要抢她的东西。""就算这样关你什么事啊，你以为你是谁啊？你上去人家没两下就把你收拾了，更何况人家根本不是那意思。本来两个人玩得好好的，你非得上去添乱，本来人家阿姨后面跟着一个人准备帮她拿东西，你非把人家包抢过来还给弄坏了。你是不是多此一举啊。""我只是想做一回英雄……""英雄？你这哪是英雄啊，狗熊都比你聪明。就你这样以后还能干出什么英雄的事啊，少给我们添点麻烦已经算万幸了……"

时间一长，亮亮心里似乎就对于"英雄"这个词产生了阴影，觉得那是自己这辈子想都不应该想的角色。慢慢地，他开始少言寡语，丧失了自信，即便是有能力也不再会像往常一样积极表现，为自己争取了。

其实，男孩的心很脆弱，家长即便当时对他行动所造成的结果大为不解，但也要尽可能地抑制自己的怒气，查明真相。尽可能地不要去打击孩子心中的那点英雄般的自信心。相反，有些时候，我们不妨给他们一个成就英雄梦想的机会。既要对他们的英雄情结予以肯定，又要指出他们行为上的错误，帮助他们树立正确的英雄观念。毕竟真正的英雄未必都会打打杀杀逞匹夫之勇，而是要依靠自己的智慧和执着进取的精神为别人谋得福利。倘若家长能够切实有效地为他们指明英雄之路的方向，相信男孩一定会慢慢远离闯祸行为，向着心目中真正的英雄目标努力前行了。

面对孩子错误的英雄意识，家长首先要做这样几件事：

（1）游戏之间体味英雄成就

跟男孩做做游戏，适时在游戏中担当一下反面角色，给他们假想的余地，让他们体味一下英雄胜利时的喜悦。

（2）讲明英雄的真实含义

作为家长，在面对孩子爱闯祸的问题时，应尽量保持一种谦和的态度，帮助他们树立正确的英雄意识。这时候爸爸妈妈不妨结合生活中的一些小例子，告诉孩子如何才能成为真正的英雄，并不断指引他们向正确的方向努力。

（3）树立正确的英雄榜样

由于动画片中的英雄有一定的局限性，尽管在整个故事中孩子已经分清了谁是好人谁是坏人，但却往往很难帮助孩子指明如何才能行使正确的英雄行为。这时候，爸爸不妨给他们点出几个英雄榜样，以他们真实的人生经历为例，告诉孩子怎样做才真正算是正确的英雄之举。

❹ 给孩子找几个英雄来崇拜

孩子天生是模仿家，他们会模仿大人们的举动和行为。当然，孩子最愿意模仿的是自己心目中的"英雄"的举动，所以说选择英雄就成了最重要的一步。在孩子的成长历程中，不同的年龄段随着客观环境的影响，会随时改变自己崇拜的英雄，因此，爸爸妈妈不妨给孩子找几个值得孩子学习的英雄，帮助孩子确定正确的观念，这也是帮助孩子形成正确的价值观和人生观的关键步骤。

爸爸妈妈总会发现，孩子心目中崇拜的"英雄"多半是来自于动画片或者是动漫，比如说孙悟空、阿童木、一休、变形金刚等，这些动画片中的英雄会让孩子感受到一种强大的吸引力。或许爸爸妈妈不理解孩子为什么会喜欢这些不存在的人物，但是不可否认这些"英雄"身上都具备正义善良、聪明勇敢、神通广大的特征。随着孩子慢慢长大，可能他们心目中的英雄会转变为一些武侠打斗片中的侠客和绿林好汉。可见，随着孩子的成长，他们在变化着自己心目中的英雄形象，所以说在此期间，父母们就要为孩子做出判断，以免孩子确定的"英雄"并不能帮助孩子健康成长。

生活中，不难看到一些小孩会模仿阿童木的形象，将自己的右手握成拳头，然后做出一飞冲天的姿势，似乎他们要飞上天，做出拯救人类的伟大举动。爸爸妈妈看到孩子这样做或许还不明白孩子在想些什么，其实这就是孩子在模仿自己心目中的英雄，希望自己也能够像阿童木那样，拥有超人般的力量。此时爸爸妈妈千万不要批评孩子的举动，而是要懂得给孩子找几个他们值得崇拜的英雄，帮助孩子通过向英雄的学习变得更加的勇敢和正直。

有的孩子从小就经常打架闹事、惹是生非，其实很多时候与他们所崇拜的英雄有关。"英雄是如何做的，我就应当照样子去干"，这就是一些男孩的想法。同时，孩子会故意模仿他心目中英雄的语言和形象。这样看来，爸爸们要想从根本扭转或改变孩子的不良行为，就要了解一下孩子心目中的英雄到底是谁了，恐怕这也是让孩子少闯祸的关键因素之一。

小鹏鹏平时很喜欢看动画片，尤其是最近电视上总在播出的《喜羊羊与灰太狼》，只要是电视上播出，他就会看，不管看了几遍都不会烦。鹏鹏的爸爸觉得小孩就应该看动画片，有的时候鹏鹏还会模仿动画片中的灰太狼说"我还会回来的……"但是他的爸爸只是觉得孩子看得太投入了。

一天幼儿园的老师给鹏鹏的爸爸打电话，说鹏鹏将幼儿园的玩具都拆坏了，别的小孩要想玩也没有办法玩，他还霸占着。鹏鹏的爸爸感觉事情不太对劲，因为儿子在家从来不这样，于是，下班之后就赶快去了幼儿园。

到了幼儿园，儿子已经在老师的办公室了。他问鹏鹏为什么要将玩具都拆坏，鹏鹏说："我要制造出更强大的武器，然后打败喜羊羊……"听到儿子的话，他终于明白了儿子的做法，他向老师解释说儿子太喜欢看《喜羊羊与

第5课 勇气

灰太狼》了,可能是崇拜灰太狼了吧。"爸爸,灰太狼总是打不过喜羊羊,为什么一只大灰狼还打不过一只羊呢?狼那么大,羊那么小。"儿子接着问道。

回到家,他把儿子叫到了电视前,然后指着电视上的灰太狼说:"儿子,你见过会说话的狼和羊吗?"儿子摇摇头。然后他又对儿子说:"你看小羊多可爱,如果灰太狼打败了喜羊羊,那么灰太狼不就把喜羊羊吃了吗?灰太狼那么凶恶,它总是想要吃掉可爱的小羊,你还要帮灰太狼制造出强大的武器来吗?"儿子听了爸爸的话,似乎想明白了什么,然后说道:"灰太狼想吃了小羊,那我才不要帮它制造武器呢。"之后,儿子在学校再也没有破坏过玩具。

爸爸妈妈弄清儿子心目中的英雄是谁,就是为了帮助孩子分析他心目中的那位人物是否是英雄。如果不是英雄,就如同上面的鹏鹏一样,那么就要赶快地正确地引导孩子,朝着正确的方向发展。即使是英雄也要看看是不是现实生活中的。切不要将反面人物当成英雄,也不要将莫须有的神仙、怪物当成英雄。所以说爸爸妈妈需要做的就是帮助孩子确定正确的崇拜对象,这样对他们的发展是十分有帮助的。

相信,爸爸妈妈在小的时候一定有自己崇拜的英雄,并且还不止一个,随着年龄的增长,自己心目中的英雄也在发生着变化。当然这种崇拜的对象不一定是英雄,只是自己崇拜的偶像。孩子也需要自己的偶像,也就是他们心中的英雄,所以说不妨给他们确定几个英雄崇拜,这也是有助于他们的性格形成的。在生活中,爸爸妈妈要找什么样的人物做孩子心目中的英雄呢?

(1)切忌反面人物

即使反面人物身上有很多的优点,比如勇敢、讲义气,也不要让这些人成为孩子心目中的英雄,因为孩子往往会最直观地看到人物身上最外在的东西,而反面人物最外在的东西也许就是凶残、暴躁等。

（2）切忌现实中不存在的人物

很多孩子喜欢看动画片，所以会将一些神怪作为自己的偶像，认为他们神通广大，这些神怪身上当然也有长处和优点，但腾云驾雾、乱杀滥打却绝不是长处和优点。

（3）孩子确定了崇拜的英雄之后，要帮助孩子分析

爸爸妈妈在给孩子找到适合的人物崇拜之后，关键是帮助孩子分析这些英雄身上的品质，做好正确的引导工作，让孩子学习他们身上的优点，不要学缺点和不足。

❺ 告诉男孩不要怕犯错

家长在教育孩子时，不要怕孩子犯错误、允许孩子犯错误，因为不断犯错误，不断汲取经验教训，正是孩子成长的必经之路。

栋栋五岁了，是一个虎头虎脑的小家伙，力气大，活泼好动。妈妈常对别人夸奖栋栋说："我从来不娇惯孩子，栋栋自己穿衣服、吃饭，从来不用我们操心！"就像妈妈说的那样，栋栋确实是个好孩子，不但自己的事情自己做，还总想帮妈妈忙。

有一天，妈妈出门买菜，把栋栋一个人留在家里看电视。栋栋看到电视中一个小朋友帮妈妈洗衣服的画面，于是决定自己也试试。他拧开水龙头把家里的几个桶、几只盆全都盛满了水，然后打开妈妈的衣柜，把妈妈的衣服一件件地取了出来……

妈妈终于回来了，栋栋满脸兴奋地站在妈妈面前，准备接受妈妈的表扬。

第5课 勇 气

"我的天！你做了什么啊？"妈妈看到浸泡在水里的皮大衣、毛料套裙、羊毛衫，还有两双皮鞋，一时间气得脸色发紫！在妈妈怒气冲冲的斥责里，栋栋惊恐万状、不知所措，终于吓得"哇哇"大哭起来……

这位妈妈为儿子会动手做事而骄傲，但却不能宽容儿子因好心而犯下的错误，而她的责骂必然会给孩子参加家务劳动的主动性和积极性带来沉重打击。可以说，妈妈对孩子犯错的处理态度和方法是不妥当的，应当首先问清楚具体的情况和原因，孩子完全是由于缺乏经验，是好心做了错事。这就应当给予宽容、谅解，然后再具体指导孩子如何打扫卫生。这样既保护了孩子参加家务劳动的积极性，又使孩子学会了如何打扫卫生，就是一举两得，那有多好。

意大利著名女教育家玛丽亚·蒙台梭利所倡导的教育方法就是"容过"，即不要怕孩子犯错误，要允许孩子犯错误。在蒙台梭利看来，父母怎样对待孩子犯错误，及其怎样对待孩子改正错误的态度才是重要的。尤其是父母对待孩子犯错误和改正错误的方式、方法，将直接对孩子产生重大影响，决定孩子正确对待和处理错误的态度和行为。

那些被父母轻视的孩子变得害羞、沮丧和恐惧的例子，在我们身边举不胜举。"我做不好"，所以"我干脆不做"——这就是孩子在犯错误之后，不能及时得到正确引导、矫正的结果。要解决这样的问题，最好的方式就是允许孩子犯错误，让孩子在错误中得到经验和教训，并从中学习到改正错误的方法。

蒙台梭利指出，在传统的管教方式里，孩子的训练是受两条准则的引导：奖赏和惩罚。大部分父母认为，改正孩子的错误和批评孩子是他们的主要任务，于是当孩子有了过失之后，他们就先不分青红皂白地训斥孩子一顿。在训斥警告过孩子之后，有的父母会问一下孩子犯错的原因，有的甚至连问都不问，这是极不恰当的。蒙台梭利认为家长应宽容孩子的错误、和颜悦色面对孩子的错误，容许孩子逐渐改正过来。

有一位中国教育工作者去瑞士访问，一位瑞士同行热情地邀请中国人去他家里做客。闲谈了一会儿后，主人就带着中国客人去楼上看他三岁的儿子。当他们来到孩子的小房间时，发现那个调皮的小家伙正在制造一场"灾难"：他用剪刀把窗帘剪出了好多洞，又把那些碎布片用胶水粘在墙上。中国客人想，这位父亲一定会狠狠地骂孩子几句，甚至打他一顿，但是出人意料的是，爸爸兴奋地冲上去抱起了儿子："哦，宝贝！你简直是个天才，这么小就会用胶水和剪刀了！不过我的孩子，你最好别动床单、窗帘什么的，那可是你妈妈的宝贝！晚上爸爸再教你怎么使用它们！"小家伙乖乖地交出了"凶器"，跑到一边玩模型车去了！中国客人目瞪口呆地问："你不教训孩子几句吗？我以为你至少应该让他知道自己闯了多大祸！"主人笑着说："不，犯错是专属于小孩子的自由，我不能粗暴地打他、骂他，我不希望孩子犯错，但更不希望孩子因为害怕犯错，就什么都不去做！"

这位瑞士父亲的做法就很值得我们反省、深思，有时候，家长仅仅宽容孩子的错误是不够的，还要允许孩子犯错误。如果父母们总是把错误看成是罪魁祸首，甚至不惜一切地避免孩子犯错误，那么孩子就会渐渐变得畏缩，什么也不敢去尝试。

当然，允许孩子犯错误，还有一个允许到什么程度的问题，这就要求父母对待孩子所犯的错误，设立一个合理的限制尺度。

我们给孩子的自由是限制之内的自由。比如给予孩子在家中自由活动的自由；给予孩子选择的自由，支配时间的自由；孩子自由选择学习或娱乐的自由；自己选择独处或与其他孩子交往的自由……我们所给予孩子的这些自由，应当是在限制之内的——孩子不可以干扰或伤害别人！这就是明确而坚定的合理限制。

第 6 课

领导力

> 男子汉守则

领导艺术是赢得战争的关键

"西点军校所致力的教育目标，不仅是培训一流军官，而且是把一流的年轻人培养成真正的男子汉，培养成未来的全方位的领导人。"西点前校长伊．L．班尼迪克这样说道。在西点人看来，学校自1802年建立以来，所培养的毕业生不但书写着美国历史，在某种意义上也书写着世界的历史。"我们所教历史的大部分其实都是由我们所教过的学生创造的。"西点人总是这样自豪地说。

事实上西点人的话并不是毫无根据，长久以来，美国总是以争做世界霸主的形象出现在国际社会中，他的这种"称霸思维"并非如浮萍一般毫无根蒂，而是可以从西点军校的教育中见到"影子"的。

西点军校有一句口号："西点军校——永恒的领袖。"它意味着，西点军校毕业生永远要有担当"领袖"的意识。经过"西点"的培训，学员们的"雄心"爆棚，他们不仅要成为美国的"领袖"，而且还要成为世界的"领袖"。"西点"的这种精神通过其毕业生渗入到国家的政治、军事领域，成为了美国称霸世界的一个精神"源泉"。

西点军校最重要的教学任务之一，就是"塑造领袖的灵魂"，西点校园的每一个石凳上，都刻写着激励学员的词汇，如"服从"、"团队"、"激情"、"牺牲"、"信仰"……西点军校就是要把学员塑造成这样的人——从身体到灵魂，都是坚不可摧的卓越领袖。

在西点军校两百多年的历史中，它为美国培养了众多的军事人才，其中包括3700名将军。格兰特、麦克阿瑟、巴顿等名将都毕业于西点军校。西点除了培养了大批的军事家，还为美国培养和造就了众多的政治家、企业家、教育家和科学家。

在西点军校的发展历史上，也针对这个人才培养问题曾提出过多次探讨。1817~1833年，被誉为西点之父的西尔维纳斯·萨耶尔校长，在长期教学实践中，提出明确的人才培养方针。他强调软、硬两种能力必须同时培养，在软性能力培养方面，他始终强调学员的品格教育，品格作为学生的一种荣誉与创造力长期进行培养与实践。在硬性能力方面，军校毕业生主要服务于军队组织，为了强化必备专业技能，学校开设土木工程专业，强化工科，强化实用技能训练。1919年道格拉斯·麦克阿瑟担任西点军校第31任校长，进一步强化萨耶尔的人才培养理念，同时还增设西点体能训练课程，强化学员的抗逆境能力与意志力。这种人才培养模式为"二战"输送出一大批合格的军队领导者，深刻影响"二战"进程及结果。

在近代，西点军校对美国乃至世界经济也有着举足轻重的影响，它是世界上培养企业家最多的地方，为世界500强企业，培养了一千多名董事长，两千多名副董事长，五千多名总经理。超过哈佛商学院！西点的领导力也超出了"军校"的界限，成为世界上最非同凡响的领导力课程。

西点军校要求它的学员牢记：

每个人都是天生的领导者。

领导力就是愿意跟随你的能力，就是影响力。

领导是活动，不是职位；领导是变革，不是管理。

职位不是领导，行为才是领导：你是什么不重要，你做什么才重要，一个头衔或职务不能创造一个领导。

领导力是一种调动的能力：最大限度地调动每个人的潜能。

西点培养人才重领导才能甚于管理才能。

家教承接：从小培养男孩的领袖才能

❶ 从小就要培养男孩的使命感

做人，是一定要有使命感的。一个有使命感的人，往往就会珍惜自己的人生、珍惜生命、珍惜工作、珍惜生活、珍惜自己拥有的一切；相反，如果一个人缺乏使命感，那么他就缺少了做人的内在激情与动力，所以说爸爸妈妈应该从小就开始培养孩子的使命感。

有一些家长会说："我家孩子胆小，从来不敢领导别人，他天生就没有这种使命感。"领导者的使命感并不是天生的，它是后期培养而来的。"父母是孩子最好的老师"，而父爱母爱又是伟大的，爸爸妈妈不光要照顾孩子的饮食起居，更重要的是要教给他们做人的道理。

或许有的家长会问，孩子那么小，他们怎么知道什么是使命感呢？其实，爸爸妈妈担心的不无道理。"使命感"这个词语的含义是有些抽象，很多成年人还不知道这个词语的意思呢，更何况是小孩子呢？因此，在这个时候，爸爸妈妈不妨用最直白的语言来给孩子解释清楚，目的是让孩子明白自己的所作所为是否具有使命感的精神和价值。

一个人来到人世间，是有自己的责任与任务的，所以说孩子应该从小就明白自己在现阶段有什么责任和任务。马克思也曾经这样说过："作为确定的人、现实的人，你就有规定，就有使命，就有任务。至于你是否意识到这一点,那是无所谓的。这个任务是由于你的需要及其与现存世界的联系而产生的。"可见对于孩子来讲,他们是摆脱不了对使命感的认知的。

大伟独立性差,都上小学六年级了,洗脸得妈妈把水调好叫他,牙膏妈妈要给他挤好了递到手里,妈妈的照顾可真是无微不至啊。但是,这么做到底好不好呢,最后会是什么后果呢?

正是妈妈的这种无微不至,使大伟做事情也是没头没尾,毫无责任感。在班里,大伟的成绩排在前面,还是卫生委员。但是在他当卫生委员的期间,班里的卫生基本很差。因为他高兴时会管管,让同学们大扫除一下,每天检查卫生;他要不高兴时,根本就不管,有时教室的垃圾堆成山,一进教室还有股异味,他也不管。总之,他当卫生委员时,都是按照自己的心情来管理,根本不把这当作是他的任务来认真完成。

在家他也是这样,一天妈妈做饭时,盐没了,而自己还在锅里熬着粥走不开,就让大伟帮她出去买。大伟特别高兴地就去了。妈妈还对大伟说:"大伟,你买了之后就回来,妈妈炒菜等着用呢!""好的,妈妈你放心。"大伟走了好一会儿,还没回来,妈妈等着用盐来炒菜,而小卖部就在楼下不用这么长时间的。一会儿,妈妈听到小区广场上有小孩子打闹的声音,从阳台上望了过去,看到大伟在和小朋友踢足球,妈妈让买的盐在一边放着。看来大伟已经把这件事忘得一干二净了。妈妈下楼把玩得正在兴头的大伟叫了回来。回来的路上,大伟一声不吭,还嘟着个小嘴,好像谁欠他200块钱似的。刚进家门,他就冲妈妈嚷道:"妈妈,你干什么啊,我跟小朋友玩得正好呢,你就把我叫回来,我讨厌妈妈。""玩,玩,你就知道玩,这么大了你什么都不会,我交代的事情也做不好,那还能做什么啊?"听了妈妈的话,大伟很生气,哭着跑到自己房间关上门。

妈妈做好饭后,叫大伟出来吃饭,大伟也不吃,还在跟妈妈生气。过了一会儿，妈妈走到大伟房间："宝贝，怎么生妈妈气了？"大伟还是嘟着嘴。后来，他跟妈妈说："妈妈，你不应该那样说我。我好歹是个小男子汉，我也要面子的，你那样让我非常没面子。""是吗，妈妈错了，妈妈跟你道歉。"母子二人又和好了。

妈妈和大伟还聊了会儿天，把大伟不好的习惯告诉了大伟。从那之后，大伟做事善始善终、一丝不苟，还特别具有责任感。

可见，责任感都是后期培养的，爸爸妈妈一定要把孩子的第一节课上好了，切记不要冲他们发火，更不要说伤害他们的话语。家长应该指出孩子存在的缺点，当然这要找准时机，爸爸妈妈自然希望孩子无论在什么时候都能够快乐，而到了适当的时候，希望孩子能够做自己该做的事情，对于自己该做的事情，他们都应该主动地去完成。当然，家长培养孩子的使命感，也不是一朝一夕的事情，所以不能够操之过急。要及时跟孩子沟通，其实孩子也是最好沟通的。

在生活中，爸爸妈妈要慢慢加强孩子的使命感，需要注意以下几点。

（1）与孩子之间发生矛盾，爸爸妈妈应该先想办法平复孩子的情绪

谁的责任就由谁来承担，家长错怪了孩子也要主动向他道歉。家长是孩子的好榜样，当孩子看到爸爸妈妈都为自己的错误道歉，自己是小孩子就更应该这样做了，这样一来，孩子才越来越有责任感。

（2）时常让他做一些力所能及的家务

在交代孩子做一项家务之前，爸爸妈妈要把让他做这件事的缘由解释清楚，采用通俗易懂的语言告诉他，这样他才可以很好地做完。当孩子的任务按时按量完成后，要给予他肯定以及表扬，这可以培养他的领导者使命感。家长千万不要心疼孩子，舍不得让孩子做任何事情，要知道做孩子力所能及的事情，不仅能够培养孩子的使命感，也会让孩子感觉到成功的

快乐。

（3）告诉他们做任何事都要善始善终

由于小孩子的好奇心强，什么事都想去尝试，往往是新鲜劲过去后，不管做没做完就把事情扔一边，因此爸爸妈妈的任务就加重了，不管交代他做的任务有多么小，只要他做完了就要进行检查，这样才能让他形成做事持之以恒、认真负责的良好习惯。如果孩子做事情不能够善始善终，那么在这个时候就要尽量地督促孩子，让孩子在完成一件事情之后再做另一件事情。

❷ 于细微处培养男孩领导力

每个人的能力都是无限的，只要不断地积累、不断改善，能力会越来越强。不要把一切事情归于运气，运气也是在你具备足够的能力时才出现，并不是凭空出现的。爸爸妈妈一定要告诉自己的孩子，要踏踏实实一点一点地做事，切不可急于求成。

孩子都喜欢当"小领导"，但是要领导别人自然要具备一定的领导力，所以说爸爸妈妈们应该学会培养孩子的领导力，让孩子知道具备什么样的能力才能够有权力去领导别人，别人才会服从，这些是家长们应该做出的教导。如果孩子在学校，希望别的小朋友能够按照自己的意愿去做事情，那么就要告诉孩子怎么样才能让别的小朋友喜欢自己。

孩子年龄还小，很多家长会说："我家孩子总是希望别的小朋友能听他的，如果别人不按照他的意愿做事情，他就会生气，但是回头想一想，别人为什么要按照你的意愿做事情呢？"其实，孩子并不知道自己的思想是不是正确，他只是希望别人能够听自己的，尤其是对于同龄的孩子，所以说家长在看到孩子因为别人不听他的而生气的时候，千万不要批评，要告诉孩子别人为什么不听他的，告诉孩子怎么样别人才会听他的。

妈妈们都擅长讲故事，小海的妈妈也不例外。而且小海的妈妈特别的注意小海领导能力的提升，她尽量让小海自己的事情自己做，自己能做主的事情自己做主，有时家里的一些小事情还让小海参与，多多发表自己的观点，对于正确的会给予肯定的态度。

小海已经是五年级的学生了，他学习成绩很好，也经常帮助成绩差的学生。小海的妈妈经常告诉他要虚心学习，不会的就要主动地询问，今天的事情必须今天做完，所以小海的能力才会这样好。

学校组织了一场简单的辩论赛，都是由学校学习成绩优秀的学生组成的，这些学生平均分成两组，有正方和反方。小海被分到了反方。各组经过详细的讨论，分出一辩、二辩等。这场辩论赛很激烈。小海更是竭尽所能地为本方作辩，还孜孜不倦地跟队友说"一辩一会儿你要抓住对方辩词的弊端，二辩就针对他们的弊端辩论"等等，将辩论安排得井然有序。

但是，最后由于一点小失误，让对方赢得了胜利。他回到家就跟妈妈说："太失败了，怎么输了呢。我安排得那么好，还是让对方赢了，真是的。"妈妈不温不热地说："我觉得挺好的，你看安排得多好啊。你是第一次参加辩论赛，下次会更好的，你要多多锻炼，多多增加自己的知识量。"

从那之后，小海就找各种书籍来读增加自己的知识量。他成了学校辩论小组的队长，队员们都认真听他的分配安排，他的小组取得胜利也越来越多。

从上面的例子中看出，小海为以后的人生奠定了有利的财富，妈妈的谆谆教导更使小海信心百倍，也使他少走了不少的弯路。小海看轻对方实力，高估自己的能力，妈妈看到了这一点并没有训斥，而是说小海参加得少、经验不多，再锻炼就更好了。这就是很好的教育方法，既告诉他的不足之处，又告诉了他应该怎样做，这是我们做家长的应该学习的地方。

当然，孩子的领导能力还有欠缺，他们需要家长的帮助，那么爸爸妈妈要怎样帮孩子呢？

（1）与孩子共同学习

爸爸妈妈走的路自然比儿子多，经验也较多，但是时代在不停地转换，爸爸妈妈所拥有的经验是自己所处年代积累下来的，它不一定适合新时代的孩子，所以说家长也要学习，跟自己的孩子一起学习效果则更好。让孩子感受到爸爸妈妈对自己的关怀，在一起学习的过程中，爸爸妈妈还能够给孩子多多的指点，让孩子明白要让别人听自己的，就要怎么去做。

（2）切忌一味赞美，要适当地批评

现在的小孩都是家里的宝贝，大人不舍得说，更别说骂了，这样容易养成他们骄横跋扈的性格。为了使他们有一个好的性格，所以我们可以稍稍扮演一回"恶父恶母"，当然不是对他们打骂，只要把语气稍稍加强，严格指出他们的错误就可以了。当孩子的思想出现偏差的时候，他想要让所有的人听自己的命令，而这个时候他的思想又是错误的时候，家长一定要给予指导，不要任由孩子去做，该批评的时候要给予批评。

（3）用英雄故事来激化他的领导力

爸爸妈妈可以找一些英雄人物的历史片让他们观看，通过他们自己的理解来加强，也可以让他们把自己的观点说出来，跟大人对比一下，自己独立纠正错误。让孩子从小故事中了解要具备什么样的素质和能力，别人才会遵照自己的意愿去做事情。

（4）有意识地培养孩子的全面思维

要想成为一个领导者，那么必然要有大局意识，不能够只是想到自己的利益。爸爸妈妈要时刻记得培养孩子的大局意识，扩展孩子的大局思维，只有这样才能够让孩子明白做事情不能只是从自己的角度出发。当孩子明白了这一点的时候，他才可以去领导别人。

（5）扩展孩子的阅读面和知识量

知识不仅能够改变一个人的命运，还能够充实一个人的思想。所以说要想让孩子具备领导能力，那么就要让孩子拥有足够的知识。当自己拥有了足够的知识的时候，孩子才会真正明白领导力的关键所在。

❸ 适当地被孩子去领导

在男孩子心里，他们觉得爸爸妈妈跟自己一样，怎么爸爸妈妈就可以让自己做这个、做那个，有时还会训自己一顿，这有点不太公平吧！于是他们就会有点小小的野心，想领导领导爸爸妈妈。

作为家长，当看到自己的小孩有这种想法时，何不尝试着让他来领导领导你呢，体会一下被自己小孩领导的滋味，这样能了解他的一些想法，从而更了解孩子的心理发展特征。比如，你们要去超市购物时，可以让他在前，你推着购物车在后面跟着他，让他自己把想要的东西放进购物车，你只是作为给他推车的人，他在前面告诉你往哪边走。这么小小的一件事，就可以满足他的小野心。所以爸爸妈妈们能满足孩子的"小领导"欲望就尽量地满足，自己可以给他把握尺度。

第6课　领导力

"人无完人，金无足赤"是我们耳熟能详的一句话，所以当自己的孩子犯了错误时，不要不分青红皂白地上来就是一顿臭骂。这样不仅起不到好的效果，反而会伤害孩子。每个孩子的心里都住着一个"小领导"，他希望自己的想法被别人认同，希望人们尊重他，更希望人们可以听从于他。

爸爸妈妈跟孩子在一起的时候，可以适当地让他出些小主意，跟着他的想法走。在日常生活中，家长，尤其是爸爸给孩子的印象就是严肃的、不可以触犯的，时不时地还会对孩子说"我是你爹，你是我儿子，我所做的所说的都是为你好，你给我认真听好了记住了"。这样的话会使叛逆期的孩子叛逆心理更强，如果严重的话可能会出现一些无法控制的严重后果。所以当家长和孩子单独在一起的时候，可以转换一下身份，让孩子来当一回"领导"。两人可以玩互换角色的游戏，孩子当爸爸妈妈，爸爸妈妈当孩子。这样既满足了小孩子当领导的想法，又使家长与孩子之间的感情增进了，何乐而不为呢？

有一些孩子比较腼腆，说话不敢大声，人多时还会脸红，经常跟在同龄人的后面当小跟班，在一起玩时都是事事听别人的，从来不敢把自己的想法说出来，就连遇到自己特别喜欢的东西都不敢说出来，只能要别人选完剩下的。遇到这种情况，家长就应该多多鼓励孩子，让他的自尊心不受伤害，加强他的自信心，证明自己不比别人差。在一些日常小抉择中，家长可以让孩子多说说自己的观点。这样一来，会使他感觉到自己受到关注了，进而也就愿意跟别人分享自己的观点。渐渐地，他也就自己主动做决定，而不再是等着你询问了再回答，这对他的性格发展是很有利的。

有一个小名叫甜甜的小男孩，在家里爷爷奶奶放在手心里捧着。在家什么事情都不用他亲自做，都是爷爷奶奶做好的、现成的。但是他的爸爸相对比较严肃，甜甜看到爸爸就特别的胆小，不敢跟爸爸撒撒娇什么的。但是他特别崇拜爸爸，觉得爸爸好伟大，家里的每一个人都听他的，好像爸爸的话都是正确的。于是他就想："我能像爸爸那样该多好，那么小朋友们就都听我的了。"

一天放学后，他带着自己的小伙伴来自己家玩，学着爸爸招待朋友的方式来招待自己的小伙伴。小甜甜把小伙伴带到客厅让他们坐好后，把爷爷奶奶从他们房间叫出来，像个小大人一样向爷爷奶奶介绍道："这是我在学校最好的朋友，我今天请他们来咱们家做客，今天就在咱们家吃饭了。爷爷奶奶可不可以拿些糖果给我们呀？"小甜甜还把自己的玩具拿出来跟朋友们一起玩。过了一会儿妈妈下班回来了，甜甜跑到妈妈身边："妈妈，你下班啦！我今天带了几个好朋友来咱家玩，我想留他们在家吃饭，你给我们做几道好吃的菜好不好？"妈妈满口答应了，便去择菜准备做饭。这时满身疲倦的爸爸回来了，看到甜甜把玩具放了一地，到处都是瓜子皮和糖纸，非常生气，于是冲甜甜吼道："甜甜你这是干什么，把家里弄得这么乱，让爷爷奶奶给你拿吃的，让妈妈给你做饭，说什么请朋友在家吃饭，你把自己当大爷啦，想捅破天哪。"当时其他小朋友也都在场，小甜甜的脸顿时通红。

从那之后甜甜再没领朋友来过自己家里，每次有小朋友说上甜甜家玩，甜甜都没答应。久而久之，小朋友就不喜欢跟甜甜一起玩了。从此小甜甜的朋友越来越少，他的话也就不如以前多了，常常一个人玩。

甜甜小朋友就是想让自己的好朋友来家里吃吃饭，玩一玩。可是没想到由于自己强烈的领导心理给家里带来了小麻烦，让最疼自己的爷爷奶奶受了累，还让刚下班回来的妈妈做好多菜，最后还被家里严肃的"大领导"爸爸当众批评了自己。其实孩子的自尊心是特别强的，所以家长尽量不要伤害他们的自尊心。如果他想展现一下自己的领导力，就该适当地给予精神上的支持，或者行动上给些建议，千万不要打击孩子领导的积极性。在家可以适当地让他实现自己的领导身份，这样不但可以满足孩子的精神需求，还可以满足一下他想要发挥领导作用的"小野心"。

在日常生活中，家长们要适当地被孩子"领导"，在此过程中应该注意以下事项：

（1）放下身段，悉心教授经验

家长要放下高高在上的身份，悉心认真地跟孩子聊聊，看看他有什么样的想法，再说说自己的想法，让孩子选择哪种更好些，这样既满足了他小小的愿望，也树立了他独立的思想。

（2）被"领导"的过程中注意自己的情绪

既然要让小孩子来领导一回自己，那么家长就需要尽量去配合孩子，彻彻底底地让孩子领导自己。在此过程中，家长要特别注意自己情绪的控制，因为小孩就是小孩，难免会出一些稀奇古怪的想法，希望家长能理解，尽量满足他的想法。

（3）不要盲目地去满足孩子的"小野心"

小孩的认知能力还是有欠缺的，他们不知道到底什么事情这样做是正确的、那样做了会不好，这时候就需要家长来给他们把握尺度了。你可以在游戏完之后，把你认为不合理的地方解释给自己的孩子听，把不好的和好的地方都讲出来，让他自己来选择，这样可以使他的"小野心"得以更好地发挥发展下去。

④ 实现男孩的"将军梦"

每个人小时候都有梦想，梦想着自己可以是一位科学家、教师、医生，等等。在很多男孩子的心目中都存有一个将军梦，梦想着有一天自己可以穿上铠甲，骑着高头大马，在战场上指挥一干将士拼杀，英姿飒爽。所以说爸爸妈妈们不妨给孩子实现"将军梦"的机会，让孩子从小就能够勇敢地去面对困境。

从男孩过来的爸爸们也有过梦想当将军的时候，像在好多古装电视剧里面的将军，都是那么的英勇帅气，手下还统领那么多的战士，在战场上指挥战士们作战。看到这些将军能不羡慕吗？现如今的小男孩他们同样都有一个将军梦，他们希望自己可以是那么的威武，指挥几百号的人，享受作战胜利后的喜悦。面对他们的将军梦，家长应该积极支持，多多给他们机会，还可以把自己对将军的理解解释给他们，告诉他们怎样做好"将军"。当然，这样做的目的就是要培养孩子勇敢坚强的意志，同时让孩子变得更加机智多谋。

不一定非得是在战场上作战杀敌的才算得上是将军。爸爸妈妈可以多讲一些与将军有关的故事给自己的小男孩听，让他对将军的身份以及将军的威武有更深刻的理解，从而建立正确的将军梦，不致多走弯路，适当地让他们扮演一下将军，多做些有意义的事情。所谓的"将军梦"其实就是让孩子明白，做事情一定要有足够的智慧，不管是在生活中还是在真实的战场上，都要具有一定的计谋，这就要求孩子具备机智的头脑。爸爸妈妈

第6课 领导力

要从小培养孩子机智的头脑,让孩子在危急情况下能够做到"临危不乱。"

在生活中,困难时不时地就会来到我们的面前,所以说家长们要想让孩子能够面对突如其来的困难,那么就要培养孩子勇敢的生活态度,这也是"将军"身上所能够体现的精神。每一个孩子都需要勇敢,不管是战场上的敌人还是生活中的挫折,都需要用勇敢的心态来面对,因此,对于孩子来讲,拥有将军梦也就能够学到将军们的勇敢。

为了培养孩子勇敢的心态,可以给男孩树立一个"将军梦",让孩子从小就喜欢上那些勇敢的人物,让孩子知道那些真正的大将军身上拥有的积极方面的精神,比如说正义、英勇、坚强等,这样孩子自然会模仿这些好的精神,从而渐渐地培养孩子正面的精神因素。这其实是一种很好的办法。

在某小学五年级的一次班级活动中,班里开展了一次角色扮演小舞台剧。这部小音乐剧讲述的是位英勇的将军带领他的士兵,保卫自己民族的故事。剧中的将军沉着冷静,善于作战技术,他领导的军队节节胜利。而扮演剧中的英勇将军的就是五年级一班的班长天意,他不仅学习好,还经常帮助别的同学学习,很具有领导力。

天意小朋友把将军扮得有模有样的,尤其将这位将军的英勇善战,还有他的领导精神表现得淋漓尽致,好像他就是这位将军一样。坐在台下的爸爸看了心里感觉很高兴。面对敌人的攻击,小天意沉着冷静地安排将士们:"你们去守护好我们的粮草,不能让敌人抢了去,其他人分散开隐蔽起来,听我的口令。"说罢带着将士们作战。在作战中,天意还不时地大喊:"冲啊,为了我们的民族冲啊,把敌人全部消灭掉。"这个音乐剧以天意将军的作战胜利而结束。

在那次演出之后,天意的爸爸发现自己的孩子比原来勇敢了很多,天意的爸爸说:"记得有一次,我跟他一起出去,看到了一条个头很大的狗,吓得他当时就大哭了起来。而现在完全不是这样了,他看到狗之后不但不会害怕,还表现得十分镇静,孩子也变得越来越懂事了。"天意的爸爸说得很兴奋,"记得一次,我问他为什么这么勇敢,没想到他却说自己长大后要当将军,要和将军一样勇敢。"

天意的爸爸又举了一个例子,他说以前儿子从来不敢自己下楼玩,而现在每次都是跟我说一声之后,自己便跑下楼去了,发现孩子长大了不少。

在男孩心目中,自己的爸爸就是一位非常棒的将军,对于自己的爸爸多是敬仰、佩服,也愿意服从。但是,他们也有叛逆的时候,那就是不听从将军爸爸的指挥,自己做将军领导别人。而家长应该给孩子一个"将军梦",因为当孩子有了这个梦想之后,就会效仿那些将军,变得更加坚强和勇敢。就如同小天意一样,他有了"将军梦"之后,变得勇敢了不少,这是爸爸应该感到骄傲的事情。

儿子想要实现自己的"将军梦",爸爸妈妈需要为他做些什么呢?

(1)做好榜样示范作用

因为儿子都崇拜自己的爸爸,那么爸爸就应该注意自己的言行举止,尽量不要将一些不好的习惯表现出来。小孩子的模仿能力很强。给男孩树立一个遇事冷静不慌的榜样,合理安排事项,加强逻辑性。此时爸爸们还应该给孩子进行讲解,让孩子明白那些将军们身上到底具备什么精神,让孩子明白在生活中就可以当一名"将军"。

(2)多用故事的方式来让男孩学习

小孩子都对故事比较感兴趣,如果你用硬邦邦的语言来告诉他,他不一定能够很好地理解接受。可以采用讲故事的方式把烦琐的道理清楚明了地讲给他们听。这样更有利于培养他的领导力，更能把他带入这个环境中，让孩子亲身体会一下不是更好吗。孩子爱听故事，所以用故事来告诉孩子怎么样来实现自己的"将军梦"，不但能够让孩子更加感兴趣，还能够比较直观地让孩子明白勇敢的含义。

（3）游戏中实现小男孩的"将军梦"

按照小男孩的心理发展特征，设计一些符合他年龄段的小游戏，爸爸妈妈一起参与。爸爸妈妈要当士兵，而不是当将军。这样小男孩才会感受到自己领导别人，受人敬仰的滋味。其实，只要他们可以领导自己的爸爸妈妈就很高兴了，家里的顶梁柱都受自己领导，还有什么他领导不了的？总之，爸爸妈妈要多参与游戏，与孩子一起实现梦想。在游戏的过程中，一定要注意锻炼孩子勇敢的意识，以及让孩子明白所谓的"将军梦"就是要让他学会将军身上好的气质和精神，学习将军的精神，而不是单纯地要做将军。

5 激励男孩去"打头阵"

很多家长都会说："老师说我家孩子总是表现得不够积极，不管是在运动的时候还是在做游戏的时候，都不敢积极地去表现自我。"其实，孩子的这种不敢表现自己的原因，是因为没有很好的带头意识，所以说家长们应该培养孩子积极的带头意识，让孩子明白只有自己积极地去表现自己，那么才能够让别人认可自己，从而喜欢自己。

其实，孩子的带头意识就是一种勇敢的体现，所以说家长们要培养孩子勇敢的意识，让孩子在做事情之前，敢于打头阵。这并不是要让孩子出风头，而是要让孩子在适当的时候，表现自己的领导能力。

在生活中，爸爸妈妈们要怎么样来培养孩子的带头作用，让孩子拥有敢于面对挫折的勇气呢？

（1）耐心地听孩子讲述带头做事情的全过程

当孩子想要跟你诉说他的挫折时，家长一定要认真听，这样会使受伤的孩子在心灵上得到一丝安慰。孩子心情好了，事情就会变得简单，更利于他们去接受你的建议。当孩子在某一次带头做事情失败之后一定要学会去开导孩子，不要让孩子因为这一次的失败而灰心，更不要让孩子失去这种积极性。

（2）利用逆向思维来开导孩子

爸爸妈妈不可以直接训斥，但是又不可以一味地夸奖，这时你就可以用逆向方式来说教。比如，你可以先把他做得很好的地方说一说，这样可以增加他的自信心，增强带头意识，然后再指出需要改进的地方，这样会更好。如果孩子总是不敢带头做事情，那么爸爸妈妈们不妨给孩子增加一些信心，鼓励孩子一下，让孩子勇气十足。

（3）悉心进行有针对性的指导

可以直接拿出受挫的地方解释给小孩听，小孩的理解力还是有限的。让他明白，要想别人对自己心服口服，自己必须要值得别人佩服，要与他人建立良好的沟通关系，多多与他们交流，多听取别人的意见，遇事不能畏首畏尾、拖拖拉拉、不敢承担。对孩子无法克服的缺点，爸爸妈妈们可以有针对性地开导孩子，比如说孩子总是容易跟随别人的思想做事情，那么在这个时候，爸爸妈妈不妨让孩子自己拿主意，然后帮助孩子实现目标，这样孩子自然会感觉到成就感，最终实现自己的目标。

第 7 课

冒险精神

男子汉守则

步出行列，成功的就是你

西点著名学子、美国杜邦公司创始人亨利·杜邦说过："危险是什么？危险就是让弱者逃跑的噩梦，危险也是让勇者前进的号角。对于军人来说，冒险是一种美德。"在西点人看来，冒险是一切成功的前提，没有冒险，就没有成功，冒险越大，成功越大。

对于随时准备奉献自己的西点学员来讲，军人是一项光荣的冒险事业。他们一早从床上跳下来就充满着战斗力，他们明白积极进取的生活可以改变人生的面貌。

西点的新学员训练营中总是弥漫着一股尖锐的杀伐之气。这些年轻的学员在种种场合中个个都想出人头地，崭露头角。棒球赛、跳水比赛、爬杆比赛，就像上心理课程一样，紧张刺激而全神贯注。学员们把课程排得非常紧凑而有趣。每一周都举行节目，每一个新学员都要学习如何表现自己，怎样使他们感到快乐，把握自己的个性使它能吸引众人。一定争取到最能够管理而又最能影响别人的机会与地位。

在这样一个自励过程中，所有新学员都在全心全力地表现自我、发展自我。来西点受训的学员能体验到生命的各个方面都充满趣味。还有什么地方更能让他们体会到生命的新境界呢？训练营的格言是："随时随地表现自我，敢于冒险，倾尽心力！"随着训练项目，他们尽其所能地生活着，光荣地完成训练。

在西点，那些敢于步出行列主动承担任务的学员，是被教官颇为看重的。西点人认为，战争具有很大的偶然性，更需要大胆和冒险，如果在战机出现时不敢冒险，可能就丧失了赢得战斗的良机，这便是西点教给学员的战斗理念。通过一次次的冒险训练，学员们逐渐都变成了善于把握机遇的"冒险专家"，多次智慧的大胆行动都赢得了意想不到的成绩。

当然，西点的冒险精神也并非鲁莽行事，为了冒险而冒险，西点同时告诫自己的学员，在决定做某件事情前，一定要挖掘足够的信息，然后才能够准确预测出"有所作为的风险"和"无所作为的风险"，这样的冒险才是最智慧的选择，才能使自己立于不败之地！

家教承接：放手去爱，男孩就要有闯劲

❶ 不要把男孩养成乖乖宝

男孩过于听话未必是好，这样的孩子毫无个性和独立性，遇事没有自己的主见，不敢反抗邪恶势力。遗憾的是，这个问题至今并未引起人们足够的重视，一般人还没有把这种儿童当作"问题儿童"看待。而我们传统的教育观念中，总是夸奖这类男孩，赞美这类男孩，把男孩们的听话视为优点，大加赞赏，把不听话视为叛逆，大加斥责。

男孩应该有自己的个性存在，他们也有自己的一份天空，应该允许孩子有适度的自由空间（当然，这个自由是有限度的、合理的自由），让他们有展示个性的机会。做家长或老师的，不要凡事都要求孩子"应该这样……""不应该……那样"，限制太多，我们的孩子就会变得死板、木讷，缺少个性了，将来更不会有多大的发展前途。每个孩子都是一个独立的个体，所以，在教育孩子方面，观念一定要跟得上形势的发展，一定要熟悉和发展教育理论，再不能一味沿用一些过时的观念来影响和教育孩子了。

父母们应该提倡男孩的自我发展，老师们应该主张学生个性的张扬，并不是要淡化家长和老师的作用，让孩子随意发展，而是提倡对孩子人格的尊重和培养。对孩子成长过程中的不良倾向还是应该主动地帮助纠正，

第7课　冒险精神

特别是应该帮助孩子养成良好的学习、生活习惯，从小树立远大理想，有明确的人生目标和高尚的人格追求。那样的话，我们的教育将会更加灿烂辉煌。家长一定要擦亮眼睛，不要因为孩子听话或者顽皮就下什么结论。相信自己，相信孩子。

小时候，大人总是以听话的孩子是好孩子的标准来衡量小孩，不听话的还要打，于是渐渐地孩子的思维就沿着大人们指定的方向走。

甚至，等孩子大了，上了学，基本上也延续着这种成长模式，所以，在这种模式下培养出的人才多了服从，少了提出自己见解的勇气与锐气。

于是，更多的人似乎总是在一个圈子里走，而能够走出那个思维的圈子，走自己的路的人很少，很少。

太听话的孩子没有个性，人云亦云；太听话的孩子缺少创造能力，循规蹈矩；太听话的孩子没有鲜活思维，思想僵化；太听话的孩子缺少批判眼光，服从权威。

某市年轻的语文教研员许老师到一所小学去试着上作文指导课。他走进教室时，还没有到上课时间，但学生们见他进了教室，就纷纷坐到了自己的位置上。他见还有好几分钟时间，就提醒大家到外面去玩玩吧，可只有两三个学生站了起来；再次提醒，又站起了几个，而且只是在过道上走了几步。上课铃响后，所有的人都坐得极其端正：两手在胸前交叉，双肘稳稳地撑着桌面，挺着腰杆，目光一律正视。许老师说"随便点，不要这么端正"，他们没动；又说"来，放松点"，他们依旧；再说"我上课是从来不需要坐好的，不要这样坐，把手放下去"。许老师走到前面几个学生中间，拆散了他们交叉着的手。终于，后面的学生也放松了手。于是，开始上课。课上得很拘谨，举手很少，大多是老师问一句，他们简单地答一句，不肯多说一个字。奇怪的是，课上着上着，他们原先拆散的手，又渐渐地交叉着撑到了桌面上。"怎么？大家连不坐好都做不到！我现在不是要坐端正，而是随便坐。"许老师说。有几个学生朝他瞅瞅，用一种疑惑的眼光，也许他们觉得奇怪：上课怎么可以随便坐呢？

孩子们在老师的调教下，显得那么听话，习惯在老师的训练下，那么有条有板。这样的孩子的确受许多人喜爱，但长大后的他们，会受世界欢迎吗？他们能接受世界的挑战吗？他们的创新意识还剩下多少？太听别人的话，将来他们什么也干不了，事事都听别人的，因而没了自信心。难道听话的孩子一定是好孩子吗？

那么家长们应该怎样引导自己的男孩既听话又有自己的批判眼光呢？家长可以从以下几点做起：

（1）我们要求孩子行为上要守规矩，整天打架、骂人等不可取，但思维上可以活跃，可以有自己的想法。

（2）孩子小时，以引导为主，要培养良好的行为习惯，孩子大了应给一点自由空间，甚至行为上也可以有自己的做法。

（3）让男孩为自己的事拿主意。

培养男孩的领袖素质非常重要。父母不要替男孩安排他学习和生活的细节，不应要求男孩唯唯诺诺，而应尽量教他学会自己拿主意、做决定，锻炼果断决策、组织和指挥别人的能力比什么都重要。

（4）培养训练男孩的男子汉独立性。

在家里，父母要将男孩当作真正的男子汉，给他独立做事的机会，并及早给他独立自由的活动空间，要有自己的小房间，从形式和内容上都要独立起来。

（5）尊重孩子的喜好。

家长可根据孩子对某一科的喜好，鼓励孩子将来向这一方面发展，将来做个"个性独特"的人,而不是打压孩子对某一科的喜好。

(6)培养孩子的自主能力。

孩子在成长过程中,自主的能力尚在发育之中,对成人依赖性较强。因此,家长在平时应特别注意培养孩子的自主能力,让孩子在遇到问题时多分析、多思考,并努力通过自己找到解决问题的对策。

❷ 让怕羞的孩子大方起来

小明是个腼腆的孩子,人多的时候,让他说句话唱个歌什么的,他不是支支吾吾不开口,就是哭着跑开了。因此,爸爸每次带小明出门,回家后都少不了批评他一顿:"你怎么这么不争气,连句完整话都说不出来。"这以后,为了避免尴尬场面,爸爸越来越少带小明出门了。

孩子之所以会形成腼腆内向的性格,与父母的少鼓励、多指责有很大关系。腼腆的孩子一般都会自信心不足,父母一味地指责只会让孩子的自信心再次受到打击。可以想象,一个自信心严重受创的小孩,又怎么可能变得开朗大方呢?有很多怕生的孩子的家长,在孩子给自己"丢面子"时(比如让孩子招呼人却没有招呼),都会赶紧向对方解释,"我家儿子太腼腆"或"他是我们家脸皮最薄的"。殊不知,这种当着孩子的面说孩子害羞是十分不妥的。这就好似给孩子贴上了一个"害羞"的标签,当这种"我是害羞的"的意识深深植入孩子的内心,他就会认为自己就是这个样子了,以后他还会利用这个标识来逃避不喜欢的人——这时,害羞就成为了孩子一种有意识的行为。

要改变这种状况，当父母的首先要改变自己的心态，正确地对待孩子怕羞的问题。有些家长看到别人家的孩子说话大大方方，响亮清脆，而自己的儿子却扭捏着不愿意吭声，内心里就又气又急，其实，这是完全不必要的。

美国心理学家沃伦·琼斯认为，害羞虽然是一个人的弱点，但害羞的人比较聪明、可靠、讨人喜欢，更能体谅别人。而且，害羞的孩子虽然看起来少言寡语，但勤于思考，多于行动，能吃苦耐劳，更富有创造性和实干精神，成年后也不会说长道短、搬弄是非，因而多能受到他人的信任。

因此，对于孩子那些程度不是特别严重，只是在较短一段时间内存在的"害羞"行为，父母没有必要过于担忧。如果孩子的害羞相当严重，而且既不是只在某些特殊情境，也不是只在一段较短的时期内出现，有可能影响了以后的社会交往和事业时，父母可以耐心地帮助他们进行矫正，需要注意的几点是：

（1）我们要让孩子生活在一个宽松的环境之中，让孩子感到周围的人都很亲切可以接近，对这些孩子说话时语调要和缓，态度要和蔼，情绪要平稳，孩子在无心理压力的气氛中，其怕羞的特点容易得到矫正。

（2）要逐渐扩大孩子的交往范围，教给他交往的技能，必要时还要做好他所交往的人的工作，让他们主动些，千方百计地增强孩子的自信心。千万不要在孩子无思想准备的情况下给他出难题，要让他在有充分把握时，有准备地当众显示自己的能力，获得周围人的认可、赞扬，从而树立起自信心。

（3）有的时候要吸引怕羞的孩子参加一些集体活动，如可以让他们与年岁小些的孩子一起活动，这样他们就不会感到羞怯，愿意扮演有能力、有经验的角色。他们感到自己比小的孩子更优越，乐意帮助他们解决困难，显露自己平时不敢流露的才能和交往技巧。

哪怕儿子只有微小的进步，父母也不要吝啬自己的表扬；哪怕孩子的表现还没有达到你的要求，也要力求表扬到位。父母的表扬，不仅是对孩子的认可和鼓励，更能促使孩子向着更好的方向发展。

总之，只要我们有心地去教育和培养，怕羞的男孩会逐渐大方、活跃起来。

❸ 鼓励孩子有冒险精神

孩子都有一点冒险精神，总喜欢做一些在大人看起来很"危险"的事，比如他们喜欢爬高，喜欢碰一些他们不认识、不了解的东西。这种行为常常会引起他们父母的忧虑，有的干脆对孩子的冒险行为大加训斥，结果慢慢地孩子们就再也不敢去冒险了。然而教育学家告诉我们，不能因为危险，家长就禁止孩子去做，这样会使孩子渐渐形成胆小懦弱的性格。而通过冒险取得成功，就会使孩子对自己的能力产生自信；就算失败，孩子也能从中学会如何应对挫折。因此，父母应鼓励孩子适当地去冒险。

一位年轻的母亲殷切地盼望自己的孩子将来能够成才。

一天，她带着六岁的儿子找到一位著名的化学家，想了解这位大人物是如何踏上成才之路的。知道来意后，化学家没有向他们历数自己的奋斗经历和成才经验，而是要求他们随他一起去实验室。来到实验室，化学家将一瓶黄绿色的溶液放在孩子面前。

孩子好奇地看着它，显得既兴奋又不知所措，过了一会儿，终于试探性地将手伸向瓶子。这时，他的背后传来了一声急切的喝斥："危险！快放下！"母亲快步走到孩子旁边，孩子吓得赶忙缩回了手。

化学家哈哈笑了起来，对孩子的母亲说："我已经回答你刚才的问题了。"母亲疑惑地望了望化学家。化学家漫不经心地将自己的手放入溶液里，笑着说："其实这不过是一杯染过色的水而已。你的一声呵斥出自本能，但也呵斥走了一个天才。"

要锻炼男孩的勇气，常常对父母自身的勇气是一个考验，他们往往对孩子的安全过于忧虑，为防止万一发生危险，而宁愿牺牲孩子锻炼的机会，就像这位母亲做的一样。然而，这样做事实上是很自私的。父母更多地是为了保护自己的孩子不受万一可能发生的危险的伤害，害怕自己不能承受由此而来的打击，所以为求保险而加倍保护，造成孩子缺乏勇气的结果。我们需要克服这种自私，为孩子的将来着想，大胆鼓励他们去做力所能及的事情，做一个勇敢的孩子。不要轻率地否决孩子要想试一试自己能力的想法，不要说"不行，太危险了"之类的话。

一位儿童心理学家说："人应该有探索，有追求。而这些都要从小培养独立性和主动性做起。""初生牛犊不怕虎"，孩子本来是无所畏惧的，他们喜欢冒险，积极探索的精神就是从这里产生的。

西方幼儿教育很注意让孩子们在各种冒险活动中去体验成功的滋味，锻炼勇气和信心。比如在看马戏时，让一头身挂很多玩具的牛，在舞台上来回走动。主持人宣布，愿意上台摘玩具的孩子，只要把玩具拿到手便归自己，另外再发奖品。孩子们都踊跃上台，而在座的家长却没有人会加以阻止。如果孩子在拿取牛身上的玩具时表现得很勇敢很机灵，便会博得全场一阵阵热烈的掌声。孩子们在克服重重困难中增强了勇气和信心。这种积极进取、不

第7课 冒险精神

畏艰险的精神，是由既放心又放手的勇敢的家长培养出来的。

当然，也有些孩子过于胆怯，回避所有的冒险情境。如果是这样，父母就有必要跟孩子谈谈他们所回避的情境，鼓励孩子去冒险，因为在这些情境中的冒险体验有助于他们勇气与身体的发展。

这类情境可以是课堂上孩子不愿举手回答问题，也可以是体育课上不愿尝试做动作等。一旦发现孩子有这种倾向，你可以以朋友的身份和孩子就以下方面进行讨论：可能有的风险、可能的后果以及享受好处的方式和应对坏处的办法。你可以这样问孩子：

"你认为最糟糕的情况会怎样呢？"

"为什么不尝试一下，看看做得好或不好，你分别会有什么感觉？"

引导孩子说出回避风险的感受会让他们明白，他们之所以错过有趣的事情，是因为胆怯而不是不感兴趣。而且通常孩子一旦说出了自己的恐惧，那么他们对自己承担风险、处理后果的能力也会更为自信。

有一个六岁的孩子住在学校附近，但从家到学校要走15分钟，一路上有三个红绿灯，横过两条马路，在开学的第一个星期里，每天都是妈妈接他上学放学，可就在第二个星期一，妈妈却决定让他一个人去上学。孩子感到害怕，不停地说："妈妈送我去！"但妈妈却温和而坚定地拒绝了他："孩子，过去的一个星期里，妈妈已经告诉过你怎样等绿灯，怎样过马路，怎样安全地到达学校，现在该是你去试试的时候了。"孩子走了，他规规矩矩地按照妈妈的嘱咐过马路、等绿灯，看到学校的大门时，他高兴地跳了起来，看到其他被父母牵领着的孩子，小男孩更觉得自豪了：他是一个人走来的。然而他却不知道，他的妈妈一直在不远处跟着他，一路上妈妈的害怕要比他多十倍，直到看见他走进学校才松了口气。

这位母亲确实冒了险，不过当可能的收益大于可能的损失时，这种风险就是合理的风险。在这个故事中，孩子虽然冒了独自上路的危险，但却获得了宝贵的收益：独自闯荡的勇气。

当然在冒险之前，父母必须教会孩子先做好各种考虑，要让他们知道只有事先考虑好了各种情况，到时才不会出问题。而对于冲动的孩子，你则可以通过对话帮助他们学会对所冒的风险做出考虑，而后再让他们去冒险就能使他们从中受益。如果所冒险十分危险，你就应该坚决反对他们去冒险。但如果危险较小，可以控制的话，你就可以根据上述的问题让孩子在决定做某事之前，先考虑其中涉及的危险。一旦养成了事先思考的习惯，孩子自己就能去区别鲁莽的冒险与合理的冒险。

❹ 教育男孩要敢于迎接挑战

自信心强的人勇于承担责任，不会因为事关重大而优柔寡断，不会想着逃避不好的结果而瞻前顾后，因而会保持一贯的果断作风。

有一只叫艾特尔的鸽子王，它是个自信心极强的鸽子，无论什么时候都能够承担鸽王的责任。

有一天，它领着二十几只鸽子去外面觅食。它们来到了一个村庄的上空，发现地上有许多雪白的大米粒。鸽王想：在这人迹罕至的村林里怎么会有这么多的大米呢？这里面一定有蹊跷。

它对同伴们说："大家不要贪吃这些大米，贪心是会上当的。"有一只

第7课　冒险精神

鸽子不听鸽王的话，它说："永远不应该有疑心，疑心重的人常常吃亏。"听了它的话以后，其他的鸽子都和它一起飞到网下去啄食大米。

结果，除了鸽子王外，其他鸽子都落入了网中。等到大家发现自己已经无路可逃时，只好你看着我，我看着你，唉声叹气，甘心等死。

面对大家的不幸，鸽王并没有逃走，也没有害怕，它相信自己能想到好办法帮助大家脱困。突然，它灵机一动，对大家说："团结起来就是力量，只要大家一致行动，就能对付任何强大的敌人。大家不要发愁，一齐往上飞，就能把这张网抬起来，带走。"

大家听了它的话，便一齐使劲，果然把网抬上了天空，跟着鸽子王飞走了。捕鸟人见此情景，只好站在地上干瞪眼。

它们把网抬到了很远很远的地方以后，一只鸽子说："我们怎么能从这张网里逃出去呢？"

鸽王说："别慌，我有一个老鼠朋友，名叫勃格，我带着大家去找它，它有尖利的牙可以咬断这网，那时大家就自由了。"鸽子们听从了鸽王的意见，抬着网飞到老鼠勃格住的地方。

老鼠一见除了鸽王外其他鸽子都陷在网里，心里很是难过，说："艾特尔鸽王，你这是怎么搞的？"

鸽王简单地叙述了一下，老鼠咬断网绳，解救了众鸽子。

老鼠勃格说："常言道：先顾自己是上策，留得青山在，不怕没柴烧。你应该先飞走，然后再考虑救不救其他鸽子。"

鸽王说："朋友啊，你应该知道，身体总有一天会毁灭的，可一个人的责任是永存的。我自己的生命是微不足道的，但我相信自己能救出我的伙伴。"

勃格听了朋友的话非常感动，赞道："你真是伟大的鸽子王！"

鸽王谢过它的朋友，带领着伙伴们，飞上了蓝天。

鸽王是称职的，它并没有自顾自地逃掉，而是自信地承担了解救大家的责任。这充分体现了自信承担责任的伟大。

要想让孩子成为一个遇事不退缩，能够自信地去承担责任的人，就要在平日里培养孩子的自信心，因为孩子的自信心很大一部分取决于日常习惯。

培养孩子自信心的方法，具体如下：

（1）要重视过程而非结果

父母往往最关心的是自己孩子的学习成绩是否比别人强。其实，这个结果并不是最重要的。家长应该看重的是孩子在学习、做事的过程中是否获得了经验，是否能够承担责任，是否掌握了知识和技能。

（2）要设定合乎孩子能力的目标

孩子感受到的过大压力往往是来自于父母的过高期望。父母总是希望自己的孩子更好，这本无可厚非，但是这种美好的愿望一定要建立在孩子能力的范围之内。

每个孩子都会怀有一颗上进的心。为了不让孩子的压力过大，父母应和孩子一起建立一个每一阶段适合的目标。这个目标不能定得太高，超过了孩子能达到的限度，就容易使孩子产生挫败感，丧失信心。当然也不能把目标定得太低，孩子完成得轻而易举，就容易变得轻率和骄傲。

（3）要充分肯定孩子的成功

当孩子考试取得了好成绩，做了好事，或很好地完成了布置的任务时，父母要给予孩子一定的表扬和肯定。每一个人都希望能够得到他人的称赞和肯定，孩子也不例外。对孩子的表扬和肯定是孩子充满自信不断进步的力量源泉。

（4）让孩子迎接挑战

对困难的成功跨越，每一次对自己的肯定，都会增加一份自信。克服困难就是对自己的一次挑战。并不是只有面对惊涛骇浪，才有挑战的意味。对于孩子而言，日常生活中的小事也可以是挑战。比如说洗衣物、倒垃圾、下棋、打篮球……都是挑战。

（5）父母要以身作则

榜样的力量是无穷的。很难想象缺乏自信的家长能培养出自信心十足的子女。父母能够充满希望地看待未来，充满自信，孩子也会深受感染。父母在要求孩子的同时，一定要注意自己的修养，做好孩子的典范。

自信心对人一生的成长都是十分重要的，而人的自信心是从很小的时候就开始萌发的，当孩子使用各种方法来取悦大人、吸引大人的注意和赞美时，自信心就在发展了。

❺ 为孩子的冒险上好"保险"

不知道从什么时候起，孩子变得每天都不让人安宁。一开始的时候，他喜欢爬到家具上，再从家具上跳到床上，家里的花瓶不知道被他跳上跳下地打坏了多少个；再过了一年，他学会了去小区的花园里爬树、去郊外骑自行车跟小伙伴比赛。终于有一次，他满身伤痕地推着坏了的自行车回到家里，这可把一家人都吓了个半死，再看到孩子淌血的膝盖，做父母的又心疼得半死。

男孩子很小的时候，就会表现出一些男性特质，诸如顽皮和淘气等，这一切其实都取决于他们作为男孩这种天性——喜欢冒险。与邻居家乖巧的女儿相比，男孩简直像是来自另外一个星球，他们对身边的任何事物都充满了好奇心，碰到什么都想看一看、摸一摸。但事实上，孩子这时正是身心发育的阶段，身体的协调性较差，缺乏一些必要的生活经验，自我保护的意识较差，常常不能预见自己的行为会产生什么样的后果。这就要求家长做到在既不压制孩子冒险精神的情况下，又能保护好自己的孩子。

七岁的淘淘看到爸爸为厨房更换新的灯泡，那个接上之后就闪闪发光的大玻璃球引起了他强烈的好奇心。后来有一天，淘淘趁爸爸妈妈不在家，自己拿了抽屉里的灯泡和玩具上的几根电线模样的塑料线接在一起，要让它亮起来，万幸的是，他找到的是塑料线，而且他在床头找到的插孔还有防止异物插入的安全锁扣，但即便是如此，淘淘的行为也让爸爸妈妈惊出了一身冷汗。爸爸妈妈这时才认识到，男孩子对于这个世界的好奇以及冒险尝试的精神远远超出了自己的想象。后来，爸爸抽了点时间用电线和灯泡向淘淘演示了如何让灯泡亮起来，但是同时也认真地向他讲解了电的可怕之处。这个时候的淘淘显然并不能真正理解其中的道理，但是他听到叮嘱时认真的表情让父母欣慰了许多。淘淘父母在心里暗暗告诉自己，在淘淘以后的成长历程中，一定要慢慢让他知道更多不该做和有危险的事情。

表面上看起来，男孩好像总是那么精力充沛，一刻都不想停下来：登高上梯、下河摸鱼、爬树、满院子追逐、欺负女生、与小伙伴打架……因此，有些家长经常不由自主地叹气：养个男孩真麻烦，他好像时时刻刻都在给你惹事。但是，这些都是他们成长历程中所必须经历的阶段，如果少了这个阶段，孩子的童年将变得了无趣味，因此，父母应尽量满足男孩各种各样的好奇心，带着他了解这个世界，而许多知识便是在这个不知不觉的过程中偷偷留在了他们的小脑瓜儿里。

但家长也要让男孩明白，即使是在玩的时候，也存在着许多的安全隐患，比如骑自行车太快，比如从滑梯顶部直接跳下来，这些给男孩子留下过痛苦的记忆的小插曲，家长应该让他们从中汲取教训，不要做出那些危险的没有分寸的举动。

作为过来人，爸爸妈妈应该知道，爱动、好冒险是男孩的天性，他们需要广阔的空间和自由的行动。当孩子又在虐待他的玩具或"修理"家里的小件电器时，家长最好不要通过一些强制手段去阻止他，正确的做法是，要在不干涉孩子的前提下尽量保护孩子的安全。另一方面，家长也应该给予孩子一定的信任和鼓励，因为通常来说，越是不现实的事情，男孩越想去尝试，家长应尽量给孩子足够的时间去调整心态，或者在条件允许的情况下让孩子去尝试一下，当孩子确定自己不能尝试之后，他们往往便会知难而退。这也是能够让孩子明白，什么事情该做、什么事情不该做的方法之一。

就像前文所说的那样，对于男孩的冒险特质，家长既不要压制孩子的天性，同时也要教会他们保护自己，在操作中，家长可以借鉴以下几项建议：

（1）要鼓励男孩勇敢冒险

孩子在"冒险"的过程中，能够体验陌生的事物，从而学会积极应对生活中的各种困难。在这个过程中，家长的示范作用也对培养男孩冒险精神有着重要意义，家长可以经常带孩子参加一些安全系数较高的冒险活动。

譬如，找一个闲暇的夜晚，爸爸妈妈关掉房间中所有的灯，让孩子在一片漆黑中"探险"。爸爸妈妈可以设定一种游戏规则，如让孩子在三分钟之内找到家里摆放的一个物件，但自己不能摔倒，若摔倒或在限定时间内找不到东西，这次冒险失败。

在游戏过程中，爸爸妈妈可以告诉孩子，某个房间里放了一只猫咪，如果孩子在走动、拿东西时碰到或踩到猫尾巴，它可能会挠人。如果知道房间有会挠人的猫，孩子仍然去房里找东西，那就说明孩子的冒险意识不错；如果不去，爸爸妈妈应鼓励孩子，告诉孩子里面有他想找的东西，不进去就会失败，要接受惩罚。当然，那个房间里没有猫，爸爸妈妈可以放只会发声的玩具猫在孩子有可能碰到的地方，看孩子的反应如何。

（2）平常要向儿子灌输"有了生命安全才拥有一切"的自我保护意识

平时为孩子创造机会，保证孩子拥有充分的活动空间。可以与孩子共同选择一块宽敞、平坦、安全、便于运动的场地，让孩子知道这里才能安全地尽情玩耍。每周或每天安排一定的时间，让孩子约好一两个小朋友一起游戏、玩耍，以满足运动及交往的需要。父母可事先给孩子圈定好活动范围，让孩子尽情追逐、跳跃，玩些球类游戏等。但要提出有关安全游戏的要求。

（3）要不失时机地教会儿子一些自我保护的具体技能

比如家里漏水了怎么办？着火了怎么办？有陌生人敲门怎么办？还要教育孩子严格遵守交通规则，在体育活动中注意安全；在劳动中安全地使用各种工具；上学、放学、外出时尽量走大路，少走僻静小路，如只能走僻静小路，最好结伴而行，等等。

第 8 课

合作意识

男子汉守则

联合起来可以战胜一切

"这世界上从来就没有孤胆英雄,我们之所以能够驰骋沙场,是因为我们身后是伟大的祖国,是因为我们背后有一大堆支持我们的勇士!"西点著名校友、东方航空公司总裁法兰克·波曼这样提醒年轻的西点学员。事实上,只要你想加入西点,你就必须放弃个人英雄主义,西点注重的是合作。

说到西点人的合作精神,就不得不再次提起"西点之父"塞耶。塞耶接手西点军校以后,进行了一系列改革措施,把西点军校引入了发展的正轨。但是如何增强西点人的团队精神却给他造成了很大的困扰。

塞耶的想法是建立一种新型的学员关系,他希望在西点,学员们能够为一个明确目标同甘共苦,协同努力。基于这个出发点,他提出了"拱顶石"的理论。所谓拱顶石,就是连接、维持、亲和结构的关键之石。用塞耶的话说,拱顶石必须是极其坚硬的,而这些石块还必须能够紧紧地结合在一起。一旦培养出这样的"拱顶石",学员们就会不断发展,军校就会不断前进。

塞耶以健全完善的规章制度为结合剂,把"拱顶石"很好地结合起来。他对学员学习、生活、娱乐等方面,还有对教学、管理、责任等各方各面的问题,都进行了有效的规范性建设。

为了让"拱顶石"更紧密地结合起来,上下一心,共同奋斗,塞耶又采用了一系列方法加强战术教官与学员之间的联系。他任命两名中尉为助理战术教官,分赴两个连队,与学员同吃、同住、同操练。他要求他们一天24小时与学员泡在一起,关注着学员的一举一动,学员有什么意愿可以及时上达。这种体制真正成了塞耶造就"拱顶石"的结合剂。

在塞耶的不断努力下,"拱顶石"计划成功了。西点军校开始走上正轨。

今时今日,西点军校有关促进合作、加强团结的方法已经越来越多,也越发成熟。入学之初,尽管新学员来自不同的社会阶层,有着不同的肤色、信仰、教育背景,但很快就会融为一体。

在西点,无论是学员与军官还是学员之间相遇,都会彼此问候致意;成绩优异的学员们不需要教官要求,便会主动帮助成绩较差的同学;如果有人在生活上遇到困难,毫无疑问,其他人一定会出手相助。这是西点军校的一种良好氛围,他们相互之间不仅视彼此为战友,亦视彼此为朋友。西点人都知道朋友的重要性,他们很珍惜身边的每一份友谊,这对他们来说意味着一生的财富。

在西点,军人们将忠诚定义为"绝对信任并忠于美国宪法、你所在的部队以及你的战友"。这是西点人必须奉行的一条准则,因为他们的使命要求他们必须精诚合作,没有合作,就不足以保家卫国,而合作,源于信任。

西点军校让每一位学员在训练中体验到团结的力量有多大。这种在实际行动中所亲自体验到的团队力量,比长篇大论地分析团队合作如何增强个人的力量要管用得多。具有团队精神的集体,可以实现个人无法独立取得的成就。

一样的价值观和一样的目标,尤其是荣誉守则共同构成了团队合作的基础。西点尽力加强学员的团队精神,对学员而言,行动中没有个人的动机,只有团队的目标。

家教承接：别让孩子成为"独行侠"

❶ 善于交际的男孩易成功

当今是知识经济的时代，学会与人共同生活已成为个人必备的素质，培养孩子发展人际交往，则是帮助孩子实现这一素质的基础。

孩子的好习惯基本上是在小时候培养起来的，男孩的交往能力更是如此。小时候知道主动与别人打招呼的男孩，长大后往往懂得如何与陌生人成为朋友；小时候懂得与人交往技巧的男孩，长大后往往能吸引更多的朋友；小时候人缘好的男孩，长大后往往会有很多生活、事业上的好帮手。

我们回头看一下历史，凡是成功人物，莫不善于与人交往，他们大都能够和大家打成一片，他们若自己无交往之才，那么他们必有善于交往之人辅佐。

战国时期，狼烟四起，就在这风云变幻的时代，诞生了许多各领风骚的人物，在他们的身上都有一个共同的特点，那就是善于交往。

苏秦逞其三寸不烂之舌，凭借自己超强的交往能力游说六国"合纵"——动员六国联合起来共抗秦国。而苏秦的同门师兄张仪，则利用身在秦国的优势，凭借独有的交际魅力开展"连横"——为秦游说列国事秦以破"合纵"。他们纵横捭阖，极尽诡谲权变之能事。

后来，范雎奔赴秦国，提出"远交近攻"战略，利用自己的交际能力，在齐、楚、燕、韩、赵、魏六国间奔走，为秦国统一天下做了最后的战略铺垫。

而那些试图挽回世道的仁人志士们，席不暇暖，食不甘味，风尘仆仆，四处游说，宣扬自己的政治主张，靠的更是超强的交往能力。如孟子与弟子们著书立说，宣传"仁政"；墨子四处游说奔波，主张"非攻"，呼吁和平；庄子则崇尚自然，主张"无为"；荀子倡导尊士养民，强调既重礼也重法……

上述那些历史名人，无不善于交往。正因为他们善于交往，所以才能够在那个风云变幻、互相攻伐、战乱频至的时代生存并著书立说，且在各个诸侯国间游刃有余。

历史上因善于交往而成功的人，举不胜举。看过历史，我们回到现实，在这个以人为本的时代，我们要注意对孩子交往能力的培养，我们不仅要他们学会交往，更要他们善于交往。

培养孩子的交往能力，家长可以从以下几点做起：

（1）创造良好的家庭交往环境

在家庭中应创造一种民主平等、亲切和谐的交往氛围，以父母为中心和以孩子为中心的家庭都是不可取的，父母应当成为孩子的朋友，让孩子敢说、爱说，有机会说话。适当地让孩子参与成人的某些议论，有利于树立孩子的自信心，使孩子敢于与成人交往。家庭中的大小事，孩子能理解的，应该让孩子知道。家庭中有关孩子的一些问题，更应该多听听孩子的意见和想法，不要一味地由家长说了算。

（2）为孩子多提供交往机会

家长应适当地带孩子进入自己的社交圈，让孩子到外面去串门，找小伙伴玩耍，也应该允许自己的孩子邀请小伙伴们到家里来做客。家长可以指导孩子怎样和同伴一起玩。例如，别的小朋友上门来玩耍，家长要讲表示欢迎的话，消除他的恐惧心理，还要叫自己的孩子拿出好吃的东西招待他，拿出好玩的东西给他玩。家里买了新的玩具，家长可提醒孩子请邻居家的孩子来一起玩。还要让孩子有充分的时间和小朋友们一起交往，得到更多的交往机会，体验到和同伴交往的乐趣。

3. 教给孩子交往的技能

为了帮助孩子成为受同伴欢迎的人，在交往中得到快乐，家长应有意识地教给孩子一些交往的技能。如让孩子对人有礼貌、学会容忍、乐于助人等。

塞缪尔·斯迈尔斯说："友善的言行、得体的举止、优雅的风度，这些都是走进他人心灵的通行证。"那么，就让孩子学会交往，让他走进他人的心灵世界，让他像一滴水融入大海一样，融入社会中去。

❷ 从小让男孩学会与人分享

大多数孩子在小的时候，总会有这样的毛病：他们经常会把自己的东西看得特别地紧，比如，只要是自己爱吃的东西，绝不会与人分享。对于自己喜欢的玩具，也是独自霸占着，不肯与人分享。

如果孩子长期这样发展下去，他就会变得自私自利，心胸狭隘，所以要培养男孩子学会与他人分享。

亮亮今年五岁了。由于父母亲缺乏好的教育方法，他养成了自私等心

第8课　合作意识

胸狭隘的坏毛病。不论是吃东西，还是玩玩具，都要自己优先，甚至"垄断"。亮亮的母亲杨小平正愁没有良策，办公室的一位大姐介绍了她当年对自己孩子的纠偏之法。

下班后，杨小平买了亮亮最喜欢吃的蛋糕。亮亮看见后嚷着要吃。杨小平就按照大姐介绍的办法逐一施行。

"亮亮，蛋糕好不好吃？""好吃。"亮亮欢快地回答。"那你想不想吃？""想吃想吃。"亮亮有点迫不及待。

见孩子已经进入状态，杨小平话锋一转，提出第三个问题："好吃的东西，爸爸妈妈是不是也想吃呢？"

"这个……"亮亮挠了挠脑袋，开始思考这个问题了。

"好吃的东西，爸爸妈妈是不是也想吃呢？"杨小平紧跟着又问了一遍。"不知道！"亮亮回答说。听了他的回答，杨小平有点泄气。

"好吃的东西，爸爸妈妈当然也喜欢吃了。外公外婆和姐姐他们也都喜欢吃呢！"杨小平马上自己回答。

亮亮听了这话，瞪大了眼睛，露出疑惑的表情。

"可每次为什么我们不吃，而都让给你吃呢？"杨小平又接着问。"不知道。"亮亮回答。

"不是因为我们不喜欢吃，是因为我们爱你、疼你，所以我们省下来，想让你多吃一些。你知道吗？"

亮亮眨巴眨巴眼睛，似乎明白了，就点了点头。杨小平马上趁热打铁，问："那你以后有好吃的，要先问别人吃不吃，懂了吗？"

"嗯。"他使劲点了点头。

"那，给你吃吧！"说着，杨小平把蛋糕给了他一块。

他正准备把蛋糕放到自己嘴里，杨小平赶忙问："刚才妈妈说什么来着？"

127

亮亮拿着蛋糕停在那儿，想了想，把快送到嘴边的蛋糕又递了过来，小声地问："妈妈，你吃不吃？"

见到孩子这样的变化，杨小平的心里涌动着一股暖流，巴不得让孩子赶紧吃个痛快。可想到要教育孩子，又忍住说："我也想吃啊。不过，妈妈只吃一点。虽然妈妈很喜欢吃，可妈妈喜欢亮亮，省着让亮亮多吃一些。"说罢，母子在一起开心地吃起来。

见这办法不错，杨小平随后几天又加强了几次，接着在家人中进行了推广。从此亮亮彻底改掉了自私的毛病。

学会给孩子讲道理的技巧，在孩子明白道理的基础上提出纠正孩子毛病的办法，能从主观上得到孩子的理解，使孩子很好地与之配合，将收到更好更长远的效果。

培养孩子学会与他人分享，父母可以参考如下方法去做：

（1）对孩子进行移情训练

有很多孩子不愿意和别人分享自己的东西，但是，他却总是希望能够分享他人的东西。这个时候，父母应该充分了解孩子希望获得他人东西的心理特征，通过移情训练，让孩子站在他人的角度去思考问题，引导孩子与他人分享自己的东西。

（2）父母要学会分享孩子的东西

由于大多数孩子是独生子女，有什么好吃的好喝的父母都会让给孩子，根本就不会去跟孩子"抢"食物，慢慢地，就让孩子养成了吃独食的习惯，根本就不知道和他人分享。因此，如果父母想让孩子学会与他人分享，最重要的是自己首先要学会分享，坦然地与孩子分享。在与父母分享的过程当中，孩子不仅学会了与人分享，而且明白了应该尊敬长辈，关心父母。

（3）用交换的方法让孩子学会分享

父母可以用交换的方式让孩子学会与他人分享。比如，给孩子买了什么玩具后，就鼓励孩子将玩具带到学校去，让他与其他的同学交换着玩。这样孩子不仅学会了与人分享，还知道了不能损坏别人的东西，对待别人的东西要像对待自己的东西一样爱惜。

人不是孤立的，而是生活在群体中的，所以我们要充分考虑孩子的将来，应让他善于和别人一起分享。

❸ 培养男孩结交朋友的能力

歌德曾说："人不能孤独地生活，他需要社会。"那么，孩子也不能孤独地成长，他需要朋友。可是，有许多孩子在父母的"关爱"下，被家长剥夺了孩子"交朋友"的权利。

小峰是一个性格温顺、成绩优异的好孩子，可他在学校里却总喜欢一个人独来独往，几乎没有什么朋友。

原来小峰的这种情况与他的父母有着极大的原因。在小峰还很小的时候，父母嫌外面空气污染严重，很少抱孩子出门玩。再往后抱着小峰出门的时候，妈妈也不太愿意让别人碰孩子，一怕孩子沾染上细菌，二怕孩子以后没有警惕性，被陌生人拐跑。这样做的结果就是小峰见到陌生人常吓得哇哇大哭。

父母的做法，使小峰从小就养成喜欢一个人玩的习惯，平时总喜欢自己待在家里玩，很少出去。即使偶尔跟小朋友一起玩，但没玩一会儿很快就吵翻了。上学以后，小峰对周围的环境极不适应，总是一个人坐在角落发呆，不爱参加集体游戏，而小朋友们也觉得他是个"怪人"，不愿与他亲近。父母原本认为，随着年龄增长，孩子会慢慢学会与他人交往，但现在看，小峰都上四年级了，但依然没有改正一个人独来独往的习惯，没有要好的朋友，也很少与同学交往。

父母的过分"关爱"会剥夺孩子的交友权利，从中也能看出，被剥夺了"交友"权利的孩子，是不会和他人交往，不会结交朋友的，他们的身心也是不健康的。

所以，为了让孩子健康茁壮地成长，就要让孩子学会和别人玩，学会和别人交朋友。

让孩子能够很好地结交朋友，家长应该给孩子营造出一个结交朋友的家庭环境。

一天，兵兵带了几个小朋友到家来玩，刚进门妈妈便脸色一沉。

兵兵让小朋友玩他的新积木，新的玩具枪，一起过家家，他们团团坐在地板上正玩得开心，妈妈的"高音喇叭"又响起来了："瞧，地板又给弄脏了，玩具弄坏别想让我再给你买！"小朋友吓得都灰溜溜地走了，兵兵气得几乎哭出声来。

拥有良好的家庭交友环境对于孩子结交朋友是非常重要的。比如，每当孩子带伙伴来家里玩的时候，不要当面指责孩子的朋友这也弄脏了，那也弄坏了，或者限制孩子们在家的某些活动。这样，既损伤了孩子的自尊心，又影响了孩子与朋友间的友谊，结果是朋友再也不愿来玩了。

培养孩子结交朋友的能力，家长应当注意以下几点：

（1）允许孩子结交新朋友

在这个瞬息万变、生活节奏快捷的社会，一个没有朋友的人或者一个不懂得交友的人，势必被社会淘汰。再说，一个长期"独学"的孩子，不仅会造成性格的孤僻，而且不利于其思维的发展。

（2）为孩子创造交往机会

一个孩子只有经常和朋友们在一起，才能彼此增进友谊。因此，父母要为孩子交友牵线搭桥。例如，可以把朋友的孩子请到家里来一起玩，再发展到让他和别的孩子一起出去玩。刚开始时，最好先把性格比较内向的孩子请到家里来。因为内向的孩子和外向的孩子在一起时，容易产生自卑感，经常会冷冷地在一旁观看，不积极参加游戏。因此，应当等自己的孩子在和内向的孩子的交往中产生了愉快体验之后，再扩大交往面，过渡到和外向的孩子一起玩。

（3）鼓励孩子走出家门

交往的技能只有在与人交往中才能学会。家长应该尽可能地为孩子打开生活空间，鼓励孩子走出家门，广交朋友，如参加夏令营等各种各样的集体活动，这些都是很好的培训孩子交际能力的途径。孩子在集体活动中，不仅可以结识许多的小伙伴，还可以在了解他人的基础上了解自己，学会用集体交往的规则调节自己的言行，学会尊重他人、信任他人、谅解他人、乐于助人，学会调节集体和个人的关系。

孩子交友，家长不宜横加干涉，但也不能听之任之，应当在他们开始交往之前，谈一些自己的交友心得，帮助孩子正确与其他人交往。

❹ 从小培养男孩的合作精神

与人合作是人的一项基本素质，也是社会生存的必备技能，如果一个人不能与人真诚合作，他将会面临难以生存的威胁，更不可能成功。一个懂得合作的孩子成人后会很快适应工作岗位的集体操作并发挥积极作用，而不懂合作的孩子在生活中会遇到许多麻烦，产生更多困难并且无所适从。幼儿期正是人各种合作素质形成的关键期。合作是指两个或两个以上的个体为了实现共同目标（共同利益）而自愿地结合在一起，通过相互之间的配合和协调（包括言语和行为）而实现共同目标（共同利益），最终个人利益也获得满足的一种社会交往活动。

联合国教科文组织的报告《教育——财富蕴藏其中》指出："学会合作，是面向21世纪的四大教育支柱之一。"有专家指出：21世纪的成功者将是全面发展的人、富有开拓精神的人、善于与他人合作共处的人。而在当今社会，随着独生子女家庭的增多，孩子愈来愈成为家庭的核心、家中的"小太阳"、"小皇帝"，这使孩子形成唯我独尊、自私霸道等不良的行为习惯。在幼儿园的一日活动中，我们经常可以看到，由于孩子不会合作，不善于合作，所以常会因争抢玩具而争得面红耳赤，然后就赌气独自一个人玩游戏，不愿再与同伴交流。为了让幼儿体验成功与喜悦，获得合作的快乐，我们借助游戏这一幼儿活动的主要方式，通过开展丰富多彩的游戏活动，帮助幼儿学会合作，主动合作，使身心健康发展，真正适应时代发展的要求。

（1）教孩子学会欣赏和接受别人

父母要常给孩子灌输这样一个思想：任何一个人都有他的长处，要学会真诚地欣赏别人。要教育孩子善于发现别人的长处，并真诚地加以肯定与赞美。世上人无完人，三人行必有我师，切不可因为别人有这个缺点或那个毛病就嫌弃他、疏远他。

（2）教孩子学会关心别人

让孩子学会关心别人是人类生存与发展的需要，也是个人生存与发展的需要。人类共同生活在一个地球上，国家与国家、民族与民族、人与人之间的联系已经成为人类生存与发展的必要条件。同时，任何个人对他人的关心都是形成其合作能力的前提，而合作能力则是市场经济条件下生存与竞争能力的重要体现。让孩子学会关心是学校教育与社会教育的责任，更是家庭教育的责任。因此，父母在给予孩子关心的同时，也必须让孩子学会关心别人，让孩子在接受爱的同时也学会付出爱。

（3）让孩子懂得与人合作的重要性

在日常生活中，有许多行为必须要两个或两个以上的人合作才能完成，只凭一个人的力量是无法做到的。父母可以利用这种机会让孩子体验一下个人无法完成的挫折感，从而懂得与人合作的重要性。父母可以在家庭生活中玩一些需要合作的游戏，或是做一些需要大家一起合作才可以做到的事情。比如，家里的家具需要挪位置，父母可以让孩子一个人先试试，孩子肯定是搬不动的，这个时候，父母就可以适时对孩子讲解人与人合作的重要性，然后大家一起搬动家具。

（4）让孩子体验合作的乐趣

成功的合作可以让孩子产生良好的体验，这种体验能够带给孩子无穷的乐趣，进而促进孩子的合作意识和合作行为。在生活中，父母可以给孩子设置一些合作竞赛，让孩子们尽力通过合作去完成任务。如果孩子一时没有完成任务，父母也不要责怪孩子，而是让孩子明白，成功的合作不一定要达到现实的目标。虽然有些合作的结果是失败的，但是，在合作过程中，参与者都尽了自己的努力，同时，每个参与者都感到非常愉悦，这就是一种成功的合作。

（5）在游戏中学会合作

很多游戏是需要集体之间共同合作进行的，许多孩子分成几组，按照规则以小组为单位争胜负。这时，同一小组的孩子需要齐心协力，共同合作才能取胜。如果孩子自以为是，不顾别人，其他孩子就不愿意再与他一起玩，他就会感受到不合作的滋味，从而纠正自己，想方设法与其他人去合作。

（6）让孩子了解一些合作的规则与技巧

在合作中既要尊重对方，服从大局，讲统一，又要有自己的立场。合作过程中不能唯我独尊，只想着自己，要充分顾及他人的要求与需要，必要时甚至做出一定的让步与牺牲；与此同时，迁就与让步是有限度的，不能放弃自己的原则，在合作中要有自己的立场与个性，要知道取得同伴的信任与尊重是合作成功的前提。

合作是人生存的技巧之一，许多人给了它完美的诠释。艾思奇说："一个人像一块砖砌在大礼堂的墙里，是谁也动不得的；但是丢在路上，挡人走路是要被人一脚踢开的。"雷锋说："一堆沙子是松散的，可是它和水泥、石子、水混合后，比花岗岩还坚韧。"

第8课　合作意识

❺ 对独生子进行团结协作教育

团结协作是指为了实现某一目标，或完成某一件事，或为了共同的利益，大家团结一致、互帮互助共同奋斗。但是，现在好多孩子是独生子女，他们从小就养尊处优，独来独往，形成了以自我为中心的意识，不懂得团结别人，更不会和别人协作。

而当今的社会是讲求合作的社会，是讲求团队精神的社会。不懂得和别人团结协作，只能被社会淘汰。

在一个广阔茂密的森林里，生活着一群强大的狮子。狮群中有一只最高大的狮子。它特别妄自尊大，因此不受大家的喜欢，也没有被推举为狮王。大家捕猎时，它常常自己跑得远远的，自己捕猎，自己享用。

森林附近的大草原上，还生活着一群鬣狗。它们虽然很弱小，但是由于狮子不屑于捕捉它们，倒也显得十分安全。只是，永远以狮子的残羹剩饭来维持生计，它们真有些不甘心。

一次，狮群中那头最高大的狮子又独自去捕猎。"奇怪，周围怎么什么都没有了呢？"它正在诧异，早已注意它好久的鬣狗群悄悄地从后面包抄上来，团结在一起打败并吃掉了它。

寓言中的这头狮子没有团结协作的精神，所以被讲求团结协作精神的鬣狗吃掉了，可见团结协作的力量是非常强大的。

动物世界中，力量非常渺小的动物非常多，它们之所以能够生存下来，就是因为它们讲求团结协作的精神。这其中的佼佼者当数飞越太平洋的一种候鸟了。

这种候鸟，为了更好地生存，它们每年都要飞越太平洋。每当它们开始飞越太平洋时，每只鸟都要衔着一截树枝。累了，它们就把树枝扔到水面，这样它们就可以停在浮在水面上的树枝上稍稍休息而不至于累坏。

一天傍晚，飞了一天的鸟儿们很累，于是纷纷把嘴里的树枝扔到水面，停在水面上休息。突然，水底出现了一条鲨鱼，由于鸟儿们的倒影像一群鱼，所以它慢慢游近鸟群，向它们发起了攻击。鸟儿们纷纷飞起，虽然它们安然无恙，可是由于鲨鱼的捣乱，鸟群没有来得及抓起水面的树枝，漂在水面上的树枝被冲散了，有的也被鲨鱼咬断了。

鸟群把水面上的树枝寻找回来，可是数目并不够，有的小鸟没有树枝，没有树枝就等于不能休息，这样的话根本飞不过太平洋。于是它们有的把两个树枝拼在一起来承受三只鸟的重量，有的就两只鸟轮流用一截树枝休息。

最后，这群鸟儿全部跨越了太平洋。

鸟儿们虽然没有很强的力量，但是它们成功地飞越了太平洋，这就是团结协作的结果。

动物都能够做到团结协作，更何况是我们人呢？所以培养孩子，就要培养孩子团结协作的精神。

对孩子进行团结协作教育的培养，家长应该注意以下几点：

第8课　合作意识

（1）在游戏中培养孩子的团队精神

游戏可以说是孩子的重要课目，它是一种对社会活动的模仿，深受孩子们的喜爱，因而也就能起到很好的教育效果。在游戏中，无论是家长还是老师都应有意识地培养孩子团结协作的精神。比如，将孩子分成几个小组，选择需要互助合作才能完成的游戏让孩子比赛，赛完后分析获胜和失败的原因，让孩子知道只有和伙伴们团结协作，才能取得比赛的胜利。

（2）教师表扬鼓励法

这一方法能促进全组孩子在练习中的斗志，振奋精神，在心理上达到良好的状态而投入到学习中。即使孩子勉强完成动作，全组也要充分肯定，同时让其他孩子用掌声或言语激励同伴顽强拼搏，坚持到底。还可以表扬一部分孩子的勇敢，表扬一个小组的齐心协力等，以帮助孩子正确认识自己在各项活动中的位置，逐步形成不甘落后、力争上游的积极心态。

（3）在日常生活中培养孩子的团队精神

要想具有团队精神，爱心、责任心以及合群意识是必备的，因此在日常生活中要注意培养孩子的这些综合素质。比如在幼儿园，在吃饭、睡觉时要让孩子互相帮助，值日生要负责任，对有困难的小朋友要有同情心并给予帮助。对于孤僻的儿童，首先要消除他和其他孩子的疏远感，使之真正参与到孩子们中间去，然后才有可能进一步培养他的团队精神。

（4）树立孩子正确的竞争意识

在当今社会竞争日益激烈的形势下，要教育孩子树立永争第一的意识，让每个小朋友都用较高的标准要求自己。但同时也要让孩子明白，一定要用正当的手段去争夺第一，更要有正确的心态对待输赢。

　　要使一个人在以后的工作中能与人愉快地合作，无疑要从小开始培养。孩子从小就试着了解合作与交流的价值，尝试与其他人合作与交流，并且在合作和交流中得到鼓励和肯定，既使他们从小树立自信心，又有利于增强他们的学习欲望。

第 9 课

果 断

男子汉守则

一个行动胜过一打计划

艾森豪威尔曾提醒过美国的年轻人:"一个行动胜过一打计划!只有在行动中,我们才会感觉到生命的悸动,才能让生命具有价值,才可以得到衣食住行的保障,才可以变得智慧、勇敢、坚毅和高尚起来。"

西点法则要求,执行必须要落实到实处。西点学员必须具备这样的素质:根据任务实情制订相应计划,一丝不苟地坚决执行。西点学员都知道,没有执行,不把理想落实到实处,再伟大的想法也只能沦为空谈。

"所有学员请注意:五分钟内集合,进行午间操练。请在野战夹克里面套上作战服。"

"离午间操练的集合时间还有四分钟。"营房里的新生站立着,严阵以待,计算着离规定的餐前集合还有几分钟。在营房的过道,每隔50英尺就有钟,看时间很方便。

学员们迅速涌向营房之间铺着柏油的大操场。一年四季,他们每天至少要集合两次,进行操练。"站好队!"一声令下,原本松散的人群顿时排成整齐的队形——每个方阵是一个排,四个排组成一个连,四个连编成一个营,而两个营编为一个团。"立正!"所有目光立即望向前方。

列队是西点的必修课。可以称之为点名的简单操练:从排长开始一级级向上汇报到队学员的数目。当然,列队的意义远不止于此。学员们以此种方式聚在这里,200年来天天如此。更重要的是,这可以考验和训练他们的行动能力。

西点人重视行动,毕业于西点军校的著名将军布莱德利曾说:"只有在行动中,我们才会感觉到生命的悸动,才能让生命具有价值,才可以得到衣食住行的保障,才可以变得智慧、勇敢、坚毅和高尚。"

西点学员的成功就是他们立即付诸行动的结果,这也是所有西点学员的共同特质。一个真正具有较强执行力的人,不但能够把任务完成,而且还能够使结果做到自认为最好。这既是西点人的精神所在,也是所有成功者的人生信条。

家教承接：没决断力的男孩难成大器

❶ 指导男孩学会规划生活

男孩子做事似乎都缺乏一点规划，比如每天回来做功课如何安排时间，以及每一门课程按照什么样的步骤去学习，往往都没有明确的思路。男孩的学习桌上往往堆满了书本、作业本，乱七八糟，很难想象，在这样的状况下孩子能够保持一个井井有条的头脑。家长应该教会孩子在学习中制定目标，学会制订学习计划，因为这项技能对孩子以后的人生意义重大，人生何尝不是一种规划呢？

曾经有一位叫作山田的日本著名的马拉松运动员，他曾在1984年和1987年的国际马拉松比赛中两次夺得世界冠军。记者问他凭什么取得如此惊人的成绩，山田总是回答："我不仅凭借自己的体能，更重要的是凭借我的智慧！"

有点体育常识的人都知道，马拉松比赛主要是运动员体力和耐力的较量，爆发力、速度和技巧都还在其次。因此对山田本一的回答，不少人觉得他是在故弄玄虚。又过了十年，这个谜底被揭开了。已经退役的山田在自传中这样写道："每次马拉松比赛之前，我都要乘车把比赛的路线仔细地查看一遍，在这个过程中，我会把沿途比较醒目的标志画下来：比如第一个标志是某个酒店，第二个标志是一个十字路口，第三个标志是一座公园……这样一直统计到赛程的结束,随后我会把我的整个赛程列成一张计划,每一个标志就是我计划的分解目标,把它们牢牢记在心里。正式比赛开始后,我就以百米的速度奋力地向第一个目标冲去,到达第一个目标后,我又以同样的速度向第二个目标冲去。就这样,四十多公里的赛程被我在事先的计划中分解成几个小目标,这样跑起来就轻松多了。最初的时候,我只是简单地把我的目标定在终点线的旗帜上,结果当我跑到十几公里的时候就已经疲惫不堪了,因为我没办法掌握整个比赛过程的节奏,脑子里一团乱,很容易就丧失信心了。"

其实,无论是学习,还是我们人生中的每一个梦想,都像是一场马拉松大赛,我们要想取得最后的成功,就要学会去计划,试着把每一天的努力作为一段小赛程,每天都要有一个明确的目标,并且通过自己的勤奋努力完成每一个小目标,这样日复一日、年复一年,我们就可以在完成一个一个小目标的基础上来实现我们人生的大梦想。我们如果是为了追寻成功而经营我们的人生,那就应该为了事业的顺利发展而制订具体的计划、设立具体的目标。我们经常听到有人说"我一定要成功"、"我要拥有自己的房子、汽车"、"我想发财后要捐助希望工程"……很多人都有类似如此的愿望,但这是真正意义上的设立目标吗?当然不是!这绝不是目标设立,这是喊口号。喊口号就像写下一个个伟大却空洞的梦想一样简单,而若是想要把这些口号和梦想变为实实在在看得见、摸得着的成功,则需要我们设立更加具体、更加具有可行性的详细计划。

首先,我们设立的每一个具体目标必须是具体的,才能促使我们集中注意力,心甘情愿、全神贯注地追求目标。而且,这些目标必须是可执行的。我们可以尽自己所能去梦想,也许目标非常远大,但只要是可达成的目标,一定可以分成远期、中期、近期来逐一完成,再以终极目标为引导,做一个详细的计划,让每一个小计划的成功来堆砌大计划的成功,如此由近而远、由小而大，必能达成目标。

具体到学习来说，拿晚上的功课为例，家长可以要求孩子根据每一门课程的学习量安排一下时间，几点到几点学哪一门，到时间完成之后，就把桌子收拾干净，重新拿下一门课程出来学习，这样，孩子的脑子也会变得像他的书桌一样井井有条，思路会更加清晰，学习效率一定也会提高不少。这样的方法对于孩子的人生同样也意义重大，因为我们无法长生不老，所以应在有限的生命中去实现自我，然而实现自我的过程正是每一个计划配合一定时段的完成，不断地重复，最终变成了成功，所以在任何设立的目标中应该定下确切的完成时间，否则将会使目标不断拖延，而后和下个目标重叠，永无完成之日，所谓"明日复明日，明日何其多"便是形容这种情形的。

因此，不要小看计划的作用，它会给孩子的学习带来非常大的帮助。在这方面，家长应该做到：

（1）教会孩子结合自己的学习情况确立学习目标

比如在数学上，孩子一向做事比较认真，所以计算没有问题，但是应用题的理解能力比较差。所以，可以引导孩子，让他把学习数学的目标定为提高对应用题题目的理解能力，同时也要加强语文阅读理解能力的学习。

（2）及时提醒他对计划完成情况和质量要进行评估

对于计划完成较好的孩子，定期对计划实施情况进行总结评估是一个最佳的鼓励，让他看到自己的进步，从而对以后的学习充满信心。而对于计划完成不好的孩子，计划评估可以发现孩子在完成计划过程中出现的问题，究竟什么地方不太符合孩子的实际情况，并以此作为调整学习计划的依据，使计划执行起来显得更有效。

第9课 果 断

❷ 培养孩子的时间意识

"时间是构成一个人生命的材料"。一个人所拥有的时间可长可短，关键看这个人怎么对待时间、分配时间。珍惜时间的人，往往有所成就；浪费时间的人，往往虚度年华。

家长要让孩子从小就学会珍惜时间，这样可以使孩子在生命有限的时间里，尽可能成就更多的事业。

历史上，珍惜时间，努力奋斗，孜孜不倦的人，比比皆是。晋朝陶渊明有"盛年不重来，一日难再晨，及时当勉励，岁月不待人"的惜时诗；唐末王贞有"一寸光阴一寸金"的妙喻；法国作家巴尔扎克把时间比作资本；德国诗人歌德把时间看成是自己的财产。这些人，也因惜时而在自己的主业领域独树一帜，成为后人仰慕的不朽人物。

其实这些名人在小的时候，就是惜时如金的孩子。而他们珍惜时间的好习惯，都离不开家庭良好的教育。德国无机化学家阿道夫·冯·拜尔，就是其中典型的例子。

那是在拜尔十岁生日的时候，前一天晚上，他躺在床上就高兴地预想着父母一定会送他一份大礼物，并为他热热闹闹地庆祝一番，因为德国人对家人的生日是十分重视的。

但是，那天早晨起床以后，父亲还是老样子一吃完早饭就伏案苦读，母亲则带着他到外婆家消磨了一整天。小拜尔有些不高兴了。细心的母亲发现了，耐心地开导他："在你出生的时候，你爸爸还是个大老粗，所以现在他要和你一样努力读书好参加明天的考试呢！妈妈不想因为庆祝你的生日而耽误爸爸的学习，妈妈在为明天我们的生活能够丰富多彩而尽心尽力呢。你也要学会珍惜时间学习呀！"这番教诲从此就成为拜尔的座右铭，他认为："十岁生日时，母亲送给我一份最丰厚的生日礼物！"

从那以后，阿道夫·冯·拜尔每天都起得特别早，生怕耽误一秒的学习时间。天微亮，他就已经在苦读了；当其他孩子在放学后嬉戏时，他仍埋头在案；吃饭的时候，他也手不释卷。这样，过了许多年后，他终于登上了诺贝尔奖的领奖台。

由此可见，孩子能珍惜时间去学习，或做有意义的事情，并终其一生，一定会有不凡的成就。即使孩子不能有那些名人之类的成就，那么他至少也不会虚度人生了。

刚上二年级的小刚最近常向爸爸抱怨时间越来越不够。原来，小刚17：00放学后，从学校到家要坐半个多小时的公交车，而这中间往往要等上十几分钟才能等到车。到家往往是18：00了。回家后，小刚首先需要学习半小时，但是18：30有小刚爱看的动画片。19：00吃晚饭，19：30到20：30仍然是孩子的学习时间，20：30时，小刚就得睡觉了。这样，孩子实际学习的时间有一个半小时。现在，老师又规定每个学生必须在19：00收看新闻联播。这样，小刚的时间就更紧张了。

后来，爸爸帮小刚想了一个好办法。爸爸教小刚把当天要记忆的词语或者英语单词制作成小卡片带在口袋里。在公交车站等车的时候，默默地记忆。这样，在等车的十几分钟里，至少有十分钟的学习时间。然后，上车后，小刚可以继续在车上记忆词语，这样，又多了至少20分钟的学习时间。18：00到家后，爸爸让小刚马上复习当天学过的内容，把老师讲过的内容和做的笔记从头到尾地看一遍。

第9课 果 断

18：30，小刚又看上了喜欢的动画片。同时，爸爸妈妈争取在19：00之前做好晚饭，提早开饭。这样，孩子在吃晚饭的同时，可以收看新闻联播。19：30到20：30，照样是小刚的学习时间，这部分学习时间主要用来做当天的作业和预习第二天要学习的内容。

这样，小刚不仅把所有的事情都做完了，而且学习时间又增加了半个小时。

合理安排孩子的学习时间，就已经是在培养孩子珍惜时间的好习惯了。培养孩子珍惜时间的好习惯，家长可以参考以下几点：

（1）让孩子正确认识时间的价值

如果孩子对时间没有什么概念，也不知道时间对于他来说有什么用处，那他当然也就不会去珍惜时间。因此，父母应该通过某些事情或是某种途径来告诉孩子时间是最宝贵的，要学会珍惜时间。

（2）让孩子制定作息时间表

良好的作息习惯是养成时间观念的前提。父母可以和孩子一起制定一张作息时间表，什么时间起床，洗漱要多长时间，吃早餐要多长时间，放学后先做什么，然后做什么，几点睡觉等，都可以让孩子做出合理的安排。孩子往往分不清自己要做的事情的重要程度，父母可以指导孩子每天把自己要做的事情按照重要程度和紧迫程度排列顺序。

（3）教孩子有效率地利用时间

每个人都有生物规律，孩子也是如此。父母可以让孩子注意观察自己的特点，掌握自己的最佳学习时间，然后把重要的学习内容安排到最佳时间里去进行。

（4）多给孩子一些自由支配的时间

有些时候，孩子是因为父母把自己的时间安排得满满的，完全没有可自己自由支配的时间，才会不珍惜时间，做事拖拖拉拉的。因此，父母多给孩子一定的自由支配时间,让孩子去做自己想做的事,这样反而会帮助孩子更好地珍惜时间。

(5)父母对孩子要有适当的奖惩

对于没有时间观念的孩子,父母尽量不要干扰他的学习。如果孩子已经能够在一定的时间内保质保量地完成学习任务,父母就应该及时给予肯定和鼓励。当孩子没有按规定去做时,父母则必须给予应有的惩罚。

对于求学者来说,时间是知识;对于商人来说,时间是金钱;对于劳动人民来说,时间是硕果;对于孩子来说,时间就是未来。

❸ 在生活中教育男孩果断选择

做事坚决果断,是一个人成就事业的重要因素。遇事犹豫不决的人,选择事物时往往会不知所措,进而失去良机,或是有所损失;坚决果断的人,选择事物时往往很有魄力,进而拥有更多的良机,收获更多。

有一个六岁的小男孩,一天在外面玩耍时,发现了一个鸟巢被风从树上吹掉在地,从里面滚出了一个嗷嗷待哺的小麻雀。小男孩决定把它带回家喂养。

当他托着鸟巢走到家门口的时候,他突然想起妈妈不允许他在家里养小动物。于是,他轻轻地把小麻雀放在门口,急忙走进屋去请求妈妈。在他的哀求下妈妈终于破例答应了。

小男孩兴奋地跑到门口,不料小麻雀已经不见了,他看见一只黑猫正在意犹未尽舔着嘴巴。小男孩为此伤心了很久,但从此他也记住了一个教

第9课 果 断

训：只要是自己认定的事情，决不可优柔寡断。

家长可以在日常生活中教会孩子坚决果断地去做选择。

某一知名跨国公司正在招聘计算机网络员，录用后薪水很丰厚，而且这家公司很有发展潜力，近些年新推出的产品在市场上十分走俏。

孩子听说后很想去应聘。可职校培训已接近尾声了，如果真的被聘用了，一年的培训就算夭折了，连张结业证书都拿不到。孩子犹豫了。父亲笑了笑，说要和孩子做个游戏。他把刚买的两个大西瓜放在孩子面前。让他先抱起一个，然后要他再抱起另一个。孩子瞪圆了眼，一筹莫展。抱一个已经够沉的了，两个是无法抱住的。"那你怎么把第二个抱住呢？"父亲追问。孩子愣神了，还是想不出招来。父亲叹了口气："哎，你不能把手上的那个放下来吗？"孩子似乎缓过神来，是呀，放下一个，不就能抱上另一个了吗？孩子这么做了。父亲于是提醒：这两个总得放弃一个，才能获得另一个，就看你自己怎么选择了。孩子顿悟，最终选择了应聘，放弃了培训。后来，孩子如愿以偿，成了那家跨国公司的职员。

当一个孩子面临选择时，在选择的利弊面前总会犹豫不决，家长要让孩子学会坚决果断。

据心理学家的研究，一个人做事不果断性格的形成可以追溯到他的童年时期，很可能是父母影响的结果。比如妈妈为买鞋可以跑上老半天，东挑西拣，拿不定主意，在其他事情上也是如此。换句话说，妈妈本身就是一个缺乏决断、优柔寡断的人，孩子与妈妈的关系紧密，慢慢地受到了妈妈的影响，才导致孩子也变得优柔寡断。

另一种可能是优柔寡断反映了孩子在选择行动时内心的焦虑不安，有完美主义倾向。比如，孩子买零食的过程似乎就是如此。吃的欲望被完美的欲望干扰甚至压抑，所以，左挑右拣，实在没办法下手。这样的孩子通常会有一个对孩子要求完美的家长，他们对孩子取得的成绩或表现出的优点会视而不见，或者好了就要求更好，永无止境，过于注重细枝末节。

根据以上分析，要培养孩子做事坚决果断的性格，建议家长注意以下几点：

（1）父母做事要坚决果断

父母在孩子面前必须果断，用自己的果断来潜移默化地影响孩子。孩子提出来的要求，该满足的满足，不该满足的要态度坚决地拒绝，并向孩子讲明原因。

（2）要给孩子一个心理准备期

当孩子有不完美的表现或失误时，家长不要老去批评指责孩子，强迫孩子改正，要有花较长时间来帮助孩子改善的心理准备。实际上，犹豫的背后也可能有仔细耐心的好品质，只要不走极端即可。

（3）家长要采用温和的方式教育孩子

家长要思考如何改善教育行为与教育方式，对孩子的缺点与错误要包容，在帮助孩子克服这些缺点与不足时也要多采用温和的方式进行。

（4）从生活细节入手训练孩子

通过行为训练的方式来提高孩子的决断意识与行动力，比如大人买东西时让孩子参与进来，日常东西，根据感觉直接买来就行；一般的物件先简单讨论一下要买什么，什么价位，大体样式，目标明确后，再带着孩子去。大人在选择时尽可能快速决断。

成功的人总有一些超过常人的品质，果断便是其中一种。多思多虑有时候确实是必要的。把事情想得周到一些，胜算总会大一些。可是，绝不可以错过时机。也许我们心理可以优柔，但是行动绝对要果断。

④ 教会孩子善于抓住眼前事物

许多孩子在做事的时候，总是"舍近求远"。很多时候，事情的关键就在眼前，他们偏偏不远万里，四处追寻，简直是出力不讨好。

有一位很怪的画家，选择徒弟的方法十分奇特，他总是让前来拜师的孩子画同一幅画，那就是用最饱含深情的水磨墨，以自己最亲最近的事物为题，描绘最无私的真情。

许多来拜师的孩子，都是满怀希望而来，满怀失望而去，因为他们都找不到最饱含深情的水来磨墨。

至于最亲最近的事物，有的选了自己最爱的宠物，有的选了自己最华丽的衣服，有的选了自己最心爱的画笔……选什么的都有，可是这些都入不了画家的法眼。

至于他们描绘的真情，却从没有让画家的眼睛湿润过一次。

就在这位画家收徒心灰意冷的时候，一位捧着盛满不知是何种液体的杯子的学生来到了他面前，说是找到了饱含深情的水、最亲最近的事物、最无私的真情，要当场为画家作画。

画家问这位学生，杯中是怎样一种饱含深情的水，学生指了指湿润的眼睛，画家看到学生的动作，眼中有了一丝亮光，示意学生开始磨墨作画。

学生见到画家眼中闪现的一丝亮光，心中高兴极了，因为他是第一个让画家眼中闪现亮光的学生。他磨好墨开始作画了，他每下一笔，画家的眼睛都要亮一下，到他收笔的时候，画家的眼睛已经放出了奇异的光彩，流出了晶莹的泪珠。

学生画的那张画，被画家珍藏起来了，而学生也成为了画家的入室及关门弟子。

画家去世许多年后，人们找到了当年那位学生所作的画，才恍然大悟最亲最近的事物是什么、最无私的真情是什么——原来就是每天疼爱孩子的父母和父母对儿女无私的爱。

画家给学生出的题的答案，都和我们自身有关，而且就在我们的眼前。那么多学生失去了做画家徒弟的机会，就是因为他们没有抓住眼前的事物。

由此可见，做事的时候，如果没有抓住身边的关键事物，即使走很远的路，最终也可能会是徒劳无功。所以我们一定要让孩子学会善于利用眼前的事物，别让送到嘴边的肥肉悄悄地溜走。

教会孩子善于抓住眼前事物的习惯，家长可以参考以下几点：

（1）给孩子建议并提醒孩子

父母平时多给孩子一些好的建议，因为孩子毕竟还小，做什么事情都欠缺经验，自然需要父母的意见。父母要针对孩子做事时欠缺考虑的情况时刻提醒孩子，这时父母的提醒所带给孩子的帮助是最大的。

（2）抑制孩子过多的欲望

因为孩子的好奇心比较重，所以他们会有比较多的欲望。父母应该合理控制孩子的欲望，让孩子懂得珍惜眼前的才是最重要的。

（3）培养孩子的机遇意识

孩子比较小的时候，还不知道什么是机遇意识，父母有必要培养孩子的机遇意识，让孩子去把握机遇，并为自己创造机遇。

一个明智的人善于抓住机遇，把它变成美好的未来。我们应引导孩子抓住眼前的事物，不放弃任何的机会，做一个明智的孩子。

第 10 课

尊 重

男子汉守则

尊重才能赢得尊重

尊重,作为西点军校军规中的一条,两多年来一直被所有的学员谨记和遵守。这个"尊重"所要求的,不仅仅是尊重自己,更重要的是,要懂得尊重他人。

西点军校认为军人不应该是一个让人敬而远之的角色,相反是在需要时,能为大家提供帮助的人;西点军人应该是正直、热情、谦虚、有礼貌的人。

作为西点的校长,也是西点的毕业生,约翰·斯科菲尔德将军曾说过:"最好、最成功的指挥官,都是因为公正、坚定,加之和蔼亲切,才得到其下属的敬重、信赖和友爱。"这也即意味着,指挥官与下属之间的信赖、忠诚与尊重是实现团队合作的最根本的保证。西点的教员们教导学员:每个人都有受人尊重的愿望,希望能有更多的自我表现机会,以实现自身的价值,如果这种愿望能充分地得到满足,就会产生一种新的鼓舞力量。

在西点,尊重别人是一个人起码的品格。尊重,不光要体现在礼节、话语上,尊重的载体,还包括生活中的点点滴滴。一件事,一个举动,都是需要将尊重融入进去的,都是尊重的检测器。

西点要求:

新学员要对包括学长在内的人敬礼,称呼"长官"、"您",这在社会是被视为软弱的行为,但在军队新学员必须学会尊重、谦虚。

新学员要记住1400名新学员的名字,实际上一年后,新学员一般都能记住4000名学员的名字和基本情况，记住对方的名字是有礼貌的表现。

学员一定要尊重上级，服从是不可有异议的事情。学不会服从即做不了军人。一个优秀的军人在需要发表意见时，应该坦而言之，尽其所能；但当长官决定了什么事情之后就要坚决服从，努力执行；对长官不要有任何猜疑。西点会通过严格的训练使学员将服从养成习惯，同时也留下恰当的空间让他们发挥创意。

正直诚实和尊重他人的尊严，是西点的基本价值观。西点用荣誉教育来完善学员人格，促进道德全面发展，学员必须用荣誉体系来规范言行。西点人十分清楚，信任也是实现团队合作的基础和前提，它能够提高团队合作，让大家把焦点集中在工作而不是其他议题上。西点人深知，一个团队的成员之间如果缺乏信任，那么队员们的注意力就可能被分散，不能齐心协力向目标奋进，并导致小团队利益和个人利益代替了团队利益。而要想赢得别人的尊重与信任，就要诚实、正直、廉洁、不欺骗、不夸大，要愿意跟别人分享信息，个人的一贯表现都要一致，要以一种有尊严、光明正大的态度待人。这涉及做人的道理，真正成功的人不是靠技巧成功，而是靠内在的品德修养成功。这是每一位优秀的西点军人深信不疑的成功法则。

家教承接：抓好礼仪教育，培养小小绅士

❶ 教孩子懂礼貌先从自己做起

孩子拥有超强的模仿力，当然，孩子的模仿力是一把双刃剑，既可能会模仿大人好的行为举止，也很可能会模仿大人不好的生活习惯，而决定孩子模仿好坏的还是大人。所以家长们应该对自己的行为有一定的约束，改掉自己不好的习惯，而这样才能够帮助孩子建立良好的内心，让孩子在反复模仿爸爸妈妈行为的同时，养成自己懂礼数的习惯。

爸爸妈妈们可以想象一下，在自己带着儿子去参加一个朋友聚会的时候，别的朋友也带着孩子，这个时候，爸爸妈妈应该看看自己的孩子是不是在某些方面表现得不够好，或者说，自己的孩子在哪些方面不如别的孩子。这并不是让家长在孩子犯错的时候进行对比，而是让大家注意一下自己孩子的缺点，帮助孩子更好地去改正缺点。如果我们看到了孩子存在的缺点，那么这个时候就要分析一下自己身上是不是也有类似的缺点，如果有，毫无疑问，你的孩子自然是在模仿你。这个时候不要急于去让孩子改正缺点，而是要让自己先改正缺点。爸爸妈妈改正自己后，孩子会再次进行模仿，进而自然而然改变了自己的一些举止。

或许对孩子来讲，他们并不知道什么是不礼貌的行为，只是看到爸爸妈妈在这样做，自己就会去模仿。所以说家长养成好的礼貌习惯，才是

第10课 尊重

关键所在。爸爸妈妈忙碌着自己工作的时候，千万不要因为自己一时的辛劳而忘记了自己的所作所为和言行举止。要让自己的孩子养成好的礼貌习惯，那么还是从自我做起。反复地模仿之后，孩子自然会形成良好的礼貌习惯。

姜桂华的儿子峰峰已经七岁了，他是一个很调皮的孩子。一次，姜桂华的朋友来家里玩，因为是夏天，天气比较热，姜桂华赶快从冰箱中拿出了西瓜。切开西瓜之后，姜桂华没想到峰峰自己先拿了一块去吃了。因为西瓜切得块儿比较大，峰峰不好拿，一不小心掉在了地上，姜桂华因为忙着招待朋友，便对峰峰说："儿子，将地上的西瓜扔到厨房的垃圾筐里，等会儿妈妈再擦地。"没想到此时此刻，儿子竟然不理会妈妈的话，转身就去自己房间里玩了。

朋友走后，姜桂华觉得儿子当时的表现很不懂礼貌，不管怎么样，在客人来家中的时候不应该这么无礼。后来姜桂华问儿子当时为什么不听妈妈的话，不将掉在地上的东西捡起来。儿子却说："那次在超市，妈妈将超市的衣服弄到了地上，妈妈也没有捡起来。"儿子委屈地说道，"妈妈能不捡起来，我为什么就不能。还有一次，爸爸带着叔叔来家里吃饭，妈妈先吃的。"

姜桂华听完儿子的话，恍然大悟，原来儿子的这些行为都是在模仿自己，原来自己存在这么多的缺点。于是，姜桂华没有再责备孩子，而是想到了改变自己。从那之后，姜桂华每次都会将掉在地上的东西捡起来。在超市，发现别人将东西弄到了地上，她也会帮着捡起来。渐渐地，姜桂华发现自己的儿子也会模仿自己的行为去做。

一次，在商场中，儿子不小心将玩具店中的玩具弄到了地上，他赶忙捡起来，并且还对店员说："阿姨，对不起，我不是故意的。"当时，那位店员笑着夸赞儿子说道："小朋友真乖，真懂事。"听到这样的话，姜桂华自然也十分高兴。

对于孩子的教育，很多家长都是摸着石头过河，根本没想那么多，不知道孩子会模仿自己所有的行为，但是当爸爸妈妈无意之间发现自己的孩子没有遵循应有的礼貌的时候，应该明白自己的行为是什么样子的。如果自己存在类似的缺点，那么还是赶快要求自己改正吧。就如同姜桂华一样，看到自己的孩子峰峰的无礼行为之后，能够通过孩子天生的模仿行为来改变孩子，其实这是一种很好的办法。

那么在生活中，爸爸妈妈要如何培养男孩懂礼貌的习惯呢，在孩子模仿的过程中，又要注意哪些道理呢？

（1）以身作则，先从自己做起

有的家长总是在喋喋不休地要求自己的孩子，而自己从来没有要求过自己。原因很简单，因为他们从来意识不到自己的缺点，认为孩子的坏习惯都是因为孩子不注意而形成的，但是没有意识到孩子的这些礼貌是需要大人们来间接影响的。因此，家长们要以身作则，从自己先做起，只有这样，我们才会实现自己的愿望。

（2）让孩子明白懂礼貌的好处

孩子不明白自己为什么要受那些条条框框的约束，很多男孩会觉得按照大人要求的那样去做是一种折磨，于是会选择随性地去做，根本不在乎礼貌不礼貌。爸爸妈妈应该告诉孩子，怎么做才是礼貌的行为，如何做才会受到别人的喜欢，只有这样孩子才会愿意去模仿爸爸妈妈好的行为和习惯，慢慢养成自己的习惯。

（3）在孩子表现良好的时候，记得夸夸孩子

当孩子按照爸爸妈妈的要求去做的时候，记得夸夸孩子，因为不管在

第10课 尊 重

什么时候,孩子都需要赞美。当孩子在朋友面前表现得彬彬有礼的时候,家长千万别吝啬自己的夸赞,给孩子几句夸奖的话,让孩子明白他那样做是正确的,这样孩子会很乐意按照爸爸妈妈的要求去做。

❷ 从点滴处培养男孩礼貌习惯

礼貌是人与人之间沟通、交往的基础与前提,微笑是沟通时最好的表情。相对而言,懂礼貌的孩子更容易得到人们的喜爱,成为一个受欢迎的小男孩。所以,我们要从小培养孩子懂礼貌的好习惯,这会使我们的男孩更易融入社会。

刘畅是一名品学兼优的学生,他的父母是这样教育他的:

在早期教育当中,他们除了开发他的智力外,也同步进行着文明行为的训练,培养孩子彬彬有礼的习惯。例如,在宴席上,他们让孩子坐在椅子上,默不作声地吃大人夹给他的饭菜。咳嗽时,他们提醒孩子要对客人说"对不起"。饭桌上,孩子不小心把饭粒掉在地上,他们抓住他的小手,一边拍打其手心,一边提醒他不许再犯。饭后,孩子要保姆替他取水,他们提醒孩子,不该随意让别人帮自己做事,若是非麻烦别人不可,一定要说"请"、"对不起"、"麻烦您"、"谢谢"等礼貌用语。

凡是见过刘畅的人都说他气质好、彬彬有礼,落落大方,这也是从小到大逐步养成的。在早期教育当中,刘畅的父母除了开发刘畅的智力、增加灵气、培养能力之外,也同步进行着文明行为的训练。他们的目标不仅仅是要培养出一个聪明的孩子，也要培养出一个文明的孩子。从刘畅学会说话，能够听懂一些简单的提示和要求时起，他们就有意识地在各种场合下，告诉他应该怎样做。比如早晨离开家时，要和家里人说"再见"，到了幼儿园要问"阿姨好"、"小朋友好"等。

其实，刘畅父母的这些教育，许多父母都做了。为什么有的效果差些呢？原因有两个：一是不能一以贯之地坚持下去；二是父母对孩子要求是一回事，自己却未能以身示教，使孩子感到迷茫，不知如何是好。因而，父母要利用一切机会培养孩子讲礼貌的习惯，持之以恒，反复训练。

培养孩子文明礼貌的习惯，要从一点一滴做起。父母可以从以下几个方面入手：

（1）父母要为孩子树立榜样

古语说："己正而后能正人。"父母若要孩子礼貌待人，首先自己要做表率，父母对孩子的影响最直接、最深刻。父母的身教是对孩子最生动、最实际的教育。父母应充分利用家里来客的有利时机提醒孩子，给孩子示范，使孩子在亲身体验和实践中理解文明、礼貌、热情的含义，并通过父母的行为潜移默化地影响孩子，使孩子在耳濡目染的环境中，逐步形成礼貌待人的品德。

（2）强化孩子的自尊意识

文明礼貌的习惯看起来是一种外在行为表现，实际上它与人的内心修养，特别是与人是否具有自尊与尊重他人的意识有着十分密切的关系。自尊就是自己尊重自己，不容受到侮辱和歧视，维护自己的人格和尊严，争取获得好的社会评价。正常人都有自尊心，欲自尊须先尊重他人，遵守社会秩序，注意文明礼貌。很难想象，一个丧失了自尊心的人会具有什么文明礼貌习惯。文明礼貌的习惯实际上是人满足自尊心的一种重要手段，所以要强化孩子的自尊意识。

（3）对孩子的表现做出评价

对孩子的行为做出评价通常是刺激孩子学习的最佳催化剂。客人在时，父母对于孩子良好的表现可以表扬、鼓励；客人走后，父母也可以对孩子的表现做出评价，肯定做得好的地方，指出不足以及今后要注意的地方。这里需要指出的是，孩子在接待客人中出现了失误，如打碎了茶杯、弄脏了饭桌，父母千万不要当面批评，要保护孩子的积极性，对待孩子的过失要重动机轻结果，要原谅孩子由于缺乏经验而出现的过失。孩子礼貌待人的行为规范不是一朝一夕形成的，要靠平时不断教育、训练和强化。年轻的父母要经常为孩子提供"教育情境"，让孩子不断练习，巩固孩子热情、礼貌待人的行为，这对孩子思想品德、学识能力、行为习惯的培养都有积极的推动作用。

（4）要培养孩子养成对人对事最起码的礼仪

坐要有坐样，站有站样，这也是一种文明礼貌。说话要和气，要轻声。有的父母说话大声嚷嚷，孩子也会学着父母的样子。那么我们要不要培养孩子大声说话呢？只是在给大家说话的时候要稍大声一些，让大家听得见，平时说话要轻轻的。

❸ 告诉孩子不该说的话不要说

对于很多家长来讲，"童言无忌"是他们认为再对不过的话，认为不管孩子说什么大人都不该往心里去，更不要过多地去要求孩子。如果家长总是以这种心情和态度来教育孩子的话，那么最终会使孩子认为不管自己做什么事情、说什么话都是对的，因此可能会说出很不切合场合的话。虽然自己的孩子说什么自己不会生气，难免别人听了不会气愤。

或许有些家长会问，对于孩子来讲，什么话是不该说的，什么话是该说的，其实这很简单，就像大人一样，大人在不同的场合面对不同的人，会选择说不同的话，会注意自己讲出来的话的内容。如果不懂得说话的技巧，那么大人们就很难实现自己的目的，也会被别人认为是不懂得交际的人。而对于孩子来讲也是如此，如果孩子说话丝毫不考虑自己所处的场合，也不考虑自己讲出来的话是不是别人喜欢的，那么最终会影响到孩子交际能力的形成，也会影响到孩子以后的发展。

其实，孩子在很多时候是不知道哪些话不该说，而哪些话是应该说的。这就需要父母让孩子从小注意自己的言语，这也是交际能力的体现。要培养孩子的交际能力，就要让孩子知道自己所想的是什么，自己所说的是什么，在孩子小的时候就应该有意识地去培养，不要让孩子认为自己什么话都可以说。而要培养孩子这种说话的能力，爸爸妈妈不妨通过讲故事的方式来告诉孩子说话是有技巧的。

孩子需要去理解什么话是该说的，什么话是不该说的。只有当他明白了这一点的时候，他才会去注意。作为家长，我们有义务让孩子明白什么话是可以说的，什么话是不应该说的，这样有助于从小培养孩子的交际能力，让孩子明白话语的重要性。

生活中，父母在通过讲故事的方式告诉孩子什么话是不该说的过程中，要注意哪些问题呢？

（1）所讲故事一定要简单易懂

孩子的思维还没有那么成熟，所以说爸爸妈妈在选择故事的时候一定要选择那些比较简单的，这样孩子听起来才会更加容易听懂。如果那些故事过于复杂，孩子很可能会不知道你在讲什么。这就是对家长选择故事的要求，尽量让孩子能够自己感知到故事中的含义。

（2）在孩子不明白故事的时候，一定要进行讲解

当我们所讲的故事的含义不是那么明确的时候，一定要慢慢地给孩子进行讲解，不要让孩子为了听故事而听故事，让孩子明白其中的道理才是最重要的。当然，在讲解的过程中，一定要考虑到孩子的思想和感受。

（3）亲身示范告诉孩子说话要看场合

家长平时说话也应该符合场合，要想教导孩子讲应该讲的话，就要亲身示范，让孩子从你身上看到哪些话是不该说的，哪些话是可以说的，这是很好的教授方法。当父母在和朋友交往的时候，可以带上孩子，让孩子多经历一下不同的场合。孩子具有很强的模仿能力，有很多东西大人不说，孩子也会主动去模仿和学习，自然而然，就能够帮助孩子成为一个善于交际的人。

（4）慢慢来，这不是两三天的事情

说话本身就是一门很深奥的学问，别说是孩子，很多大人还无法很好地掌握说话的技巧，所以说对于孩子这方面的教育，家长们一定不要操之过急，要学会牵着"小蜗牛"，慢慢地向前走，不要期望一两天之内就能够让孩子知道什么话该说，什么话不该说，时间才是帮助孩子成长的最佳良药。当然，在孩子做得很好的时候，一定要夸奖孩子，让孩子明白自己这样做是对的，自己说的话是应该说的，这是帮助孩子学会"选择性"讲话的好办法。

❹ 帮孩子分清勇敢与粗暴的区别

孩子打架，是青少年成长过程中的正常现象。父母要引导、要教育，让男孩分清勇敢无畏与蛮横粗暴的区别，而不要纵容孩子报复，更不要袒护。要让孩子讲理，父母首先要明理，否则孩子将成为一个不负责任、强词夺理的人。

小超是个沉默的孩子，在学校里面不太喜欢与人交流。不过，他的学习成绩很好，很多女孩都在暗地里把他称为"酷哥小超"，他在女生里面可是绝对有号召力的。

不过，有些调皮捣蛋的男生却看小超不顺眼，说小超故意每天这样装着一副冷冷的样子，让女生为他着迷。拿"捣蛋鬼"淘淘的话来说，"小超就是故意装冷傲的样子，我怎么看，怎么不顺眼！"

这天，班里面进行大扫除，淘淘和几个男生在一边故意偷懒，被老师抓个正着。老师对几个人批评道："你们就是这个老样子，劳动的时候从来都是能偷懒就想方设法偷懒。难道你们就不能向小超学习吗？"老师边说边指着正在认真擦窗户的小超说："别人都在卖力地干活，你们却像'小少爷'！"听罢老师的训斥，淘淘心中很恼火，凭什么要拿自己和这个讨厌的小超做比较？

放学时，淘淘在路上遇到回家的小超，便故意找碴儿，和小超争执。淘淘凭借自己的大块头给了小超一拳，小超没有还手，淘淘一溜烟儿地跑了。

第10课 尊 重

小超回到家，妈妈看到儿子眼角瘀青，焦急地问道："你的脸怎么啦？和人打架了？"

小超回答："没事，刚才被淘淘打了一拳。这样的人，我才懒得理呢！"

妈妈却一副不答应的样子，气愤地说："他打了你，你怎么不打他啊？"……

如今，有些父母把敢不敢与人打架看作孩子有没有竞争意识，而且不断地向孩子灌输这样的观点："太老实了容易受人欺负，就得以血还血，以牙还牙，反正不能吃亏！"

这种教育方法是很危险的，按照父母的推理，别人打你，你就打别人；别人偷你自行车，你就偷别人自行车；别人偷窃抢劫，你也偷窃抢劫……在这种教育观点下，孩子很容易变成了一个"占便宜没够、吃亏难受"的人，这样的人无疑不会被社会所接受。

父母们应该知道，这样的所谓算账和报复，只会使孩子之间的打斗更进一步升级，而且可能使无意的伤害转变为有意的报复。有些孩子还会错误地认为父母总是偏向自己，即使自己不对，先打了人也无所谓，最后就变本加厉，肆无忌惮起来。

如果孩子真的挨了打，受了伤，父母最好能保持冷静，倾听孩子的申诉，教导孩子以后尽量避免"用武力解决问题"。同时，也可直接找欺负自己孩子的孩子问清事情真相，教导孩子们应该和睦相处，必要时还可以找对方父母，共同进行教育。

当孩子与人打架时，不要责备孩子怎么不还手，或是叫自己的孩子再去找别人"算账"，正确的方法应该是和孩子一起分析产生矛盾的原因，让孩子自己去理解并找到解决问题的方法。父母还应该找到打架双方的孩子，尽量劝解两人不要打斗，以免事态扩大，造成不良后果。

⑤ 让孩子学会感恩与致谢

感激之心不是先天的，亦不是凭空而来的，它是在道德教育、环境熏陶和社会实践中逐渐形成的。我们如果在待人接物时能常怀感激之心，那么就可以建立和谐、融洽、温馨的人际关系。

一个周六的傍晚，华华的妈妈和往常一样在厨房忙碌，而华华正在电脑桌前敲打着键盘，玩着游戏。

忽然，电话铃响了。妈妈因忙着照看煤气灶上烧的菜，便叫儿子接听电话。儿子在电话机前站了大约五分钟后把电话挂了。挂完电话，他显出很不高兴的样子，嘴里嘀咕着："以后我不接电话了。这么费劲！……"妈妈立刻猜到：准是华华奶奶的来电。

华华的爷爷奶奶在外省工作。由于路途遥远，一年中他们只回家探亲一次。因此，电话就成了他们和家人沟通联络的纽带。奶奶是一个心思细腻、对小辈呵护备至的人。每个周末，她都要和家里通一次电话。而电话多半是她先打过来——她似乎总等不及孩子们的去电。一周的时间，对于她来说，太长了。每每来电，奶奶都要嘘寒问暖，大事小事，她样样过问，事事关心。

刚才，一定是华华嫌奶奶太唠叨了。

此刻华华噘着嘴巴向书房走去。妈妈走过去拉住了他。

"刚才是谁的电话？"妈妈压住性子明知故问。

第10课 尊 重

华华显出不耐烦的样子："还会有谁？是奶奶的！啰里啰唆，又没有什么事情！"

"奶奶在电话里和你讲什么？"妈妈再一次明知故问。

"还不是每次都一样？什么早饭一定要吃好！晚上要早点睡觉！什么在学校上课累不累？放学后打球吗？长胖点了吗？哎呀，真是烦死了，不说了！"华华越说越不耐烦，挣脱妈妈的手朝书房走去。

妈妈看到孩子这样，觉得一定要好好教育孩子。

吃饭的时候，妈妈故意把筷子放在桌子的最边上，华华看见了，赶忙把筷子移到了桌子正中间，还特别对妈妈说："幸亏我把筷子放好了！"

妈妈却没有对华华表示感谢，而是冷冷地说："不是没掉下来吗？我又没叫你帮忙！"

华华听了妈妈的话，觉得特别委屈："我好心好意把筷子摆好了，你怎么说这样的话？"

妈妈觉得这是教育华华的最佳时机了，她缓缓地说道："你看，你刚才出于好心，我本应感激你才对。可我没有，所以你很生气。那你想想，刚才，奶奶出于对你的关爱，给你打了长时间的电话，可你不但不感激，竟还嫌烦。你说，你这样对吗？孩子，要学会说'谢谢呀'！"

华华低下了头，不吭声。过了一会儿，他抬起了头，声音很轻但很有力："妈妈，你别说了，我懂了！"

如华华这样的例子在青少年中不在少数。现在的孩子很难体会到长辈的爱心，很多父母甚至叹息道："现在的孩子太少感激之情，连一句谢谢都不会说。"

培养这会感恩与致谢应该从小事做起。比如用餐，用餐时间是教育孩子的最重要时机，也是沟通的好时机。父母在用餐时，可以借此机会谈谈

167

农民或厨师、服务员的辛苦，表示对他们的感激，不要让孩子误以为他们的劳动是理所当然的而心安理得。

作为父母，不要过分屈从孩子的要求，有些父母满心希望孩子产生这样的想法："爸妈真是太爱我了，我好感动，我一定要好好学习，长大后报答爸妈。我真感激父母。"其实溺爱孩子，并不能让孩子萌生感激之情。对孩子的关爱是重要的，但更重要的是要培养他们的责任感。没有责任感的人，一般是指没有感激之心的人。不会感激的人总是以自我为中心，没有受到良好教育的独生子女之所以被称为"小皇帝"，是因为他们"自我膨胀"，对周围的人过度的爱心视为天经地义，总不知道心怀感激。

父母要教会孩子真诚地对他人说："谢谢！"让孩子学会感激他人，让孩子在谦虚和真诚中得到朋友的帮助，从而一步步走向成功。

培养孩子的感激之心可以从以下几个方面着手。

（1）引导孩子热爱自己的爸爸、妈妈等长辈，喜欢老师和班中的同学；感激爸爸妈妈和老师们对自己的爱，对自己的教育和帮助。并采取一些方法来表达自己的感激之情，比如说，教师节给老师送张贺卡；帮助爸爸妈妈干家务，等等。

（2）引导孩子尊重周围的劳动者，感谢他们为社会做出贡献，使我们有一个良好的学习和生活环境。

（3）让孩子多参加集体活动。现在的绝大多数孩子都是独生子女，从小就是衣来伸手、饭来张口，他们已经习惯了爸爸妈妈的照顾，并且觉得这是应该的，凡事以自我为中心，不懂得感激他人。这样的孩子开始在集体活动中很难和同龄伙伴和睦相处，也不懂得感谢别人为自己做的事。只有在集体活动、集体交往中碰了几次钉子之后，才会意识到要想到他人，要感谢他人，在活动中获得与他人相处的经验。

第 *11* 课

独 立

男子汉守则

能帮助自己的，只有自己

　　西点军校对于学员的培养，不仅要求他们成为团队战斗中不可缺少的一员，同样也非常重视培养学员的独立精神。西点人明白：一个人只有具备了独立的人格、自由的意志，才能激发自身的潜能，才能成为真正的领导者。

　　在西点人看来，美国人的独立意识是为人处世最根本的观念之一，他们信奉个人主义，其含义是相信每个人都具有价值，都应按其本人的意愿的表现来对待和衡量。这种个人主义同个人英雄主义和自私自利不同，在社会实践中，他表现为对个人独立性、创造性、负责精神和个人尊严的尊重。在家庭中，孩子应受到作为一个人所应受到的尊重，成年后，他对自己的生活和前途有选择的权利和自由，从而对自己的遭遇，不论好坏都为自己负责。父母只能起"咨询作用"，不能为儿女代为安排个人的事宜。成年儿女一般都自立门户，独立生活。美国的一些大学生，尽管父母有钱也不愿仰仗他们。毕业后找不到合适的职业，宁可降格以求，大材小用，目的是要有自己的工作，自己挣钱独立生活。

　　是以，西点军校会严格要求他的学员尊重个人价值，在西点军校教官的眼里，一个拥有独立人格的人才会有坚强的自信，这一点对于处在人生起步阶段的青年人来说尤其重要。西点教官会告诉自己的学员：在这个充满竞争的时代，只有勇于闯荡、自立自强，方可大有作为。成功始于觉醒，这个觉醒就是确立独立的意识，只有做到人格上的独立，才能拥有坚定的信念，才能激发出挑战困难的勇气。

第11课 独立

在西点，学员们必须清楚、明确地注明作业中哪些不是自己独立完成的，特别要明确指出材料的全部来源和各种接受援助方式。受其启发而产生新的思路或观点的材料，学员也要注明。学员如果无意中看了别人的作业，尤其是评分作业，必须把情况向教员说明。学员必须知道，即使仅仅是为了验证自己的作业正确与否而去看别人的作业，也是违反"荣誉准则"的。

当然，西点强调独立人格、自立自强的精神，并不是说排斥与他人合作。相反他们认为，能够充分利用身边的各种资源，具有团队意识与合作精神，并在此基础上保持相当的独立性，是一个人走向成功的必由之路。

"每个人在这世上都是独特的。每个人是特殊的遗传基因的组合，决定了他们有不同的生理条件；出身背景不同，所受的教育不同，人生经历的不同……决定了每个人都会拥有自己不同的思想情感、性格气质、思维方式。在一个文明的社会里，只要个人的行为不妨碍社会的健康发展，不妨碍他人的生活，他就有存在的权利，任何人都没有权利的朋友，也不可能喜欢所有的人，我们可以不欣赏、不喜欢他，但是不能轻视他，他只是和我们不同而已，我们要尊重这种不同；同时，为了保持独立自主的个性，在与别人交往中，也不要一味地迁就别人，从而丢掉自己的个性。"西点军校前校长 A.L. 米尔斯对他的学员如是说。

家教承接：包揽，是对孩子的一种伤害

❶ 父母不能永远充当孩子的保护伞

与外国父母相比，中国的父母们总是显得有点太过小心翼翼，他们给缺少生活经验的孩子准备好了一切事情，生怕孩子受到挫折。然而父母能一辈子这样照顾孩子吗？孩子在成长过程中总会碰到各种各样的挫折，到那时这个脆弱的孩子又怎样自己渡过难关呢？因此父母要鼓励孩子从小就勇敢地面对挫折，让他们成为生活中的强者。

在日本的一个村庄里，有一对夫妻四十得子，因而对孩子宠爱有加，这使得在蜜罐中成长的儿子养成了一意孤行的脾性，他无论做什么都不太专心，就连走路也走不好，时常跌进水沟里，很是让望子成龙的父母焦心。

儿子七岁那年上了小学。可是他还是不能让父母放心，因为他走路喜欢东张西望，不是弄湿了鞋子，就是弄脏了裤子，经常抹着眼泪回家。

一天，孩子的父亲带一把锹去儿子上学必经的田埂，在上面断断续续地挖了近十道缺口，然后用木板搭成一座座小桥，只有小心走上去才能通过。那天放学，儿子走在田埂上，看到面前一下子多出了这么多的小桥，非常惊慌，不知道该怎么办好。是走过去，还是停下来哭泣？四

第 11 课 独 立

顾无人，哭也没有人帮忙啊，最终他选择了走过去。当背着书包的他晃晃悠悠地通过小桥时，虽然很害怕，但却有种满足感。他第一次没有哭鼻子。

回家以后，儿子跟爸爸讲了今天走过一座座小桥的经历，脸上满是自信的神气。父亲坐在一旁夸他勇敢。

但妻子却对丈夫的举措迷惑不解，丈夫解释道："道路太平坦了，他就会左顾右盼，当然会跌倒；坎坷的路途，他的双眼必须紧盯着路，所以才能走得平稳。"

这个故事中的儿子就是赫赫有名的"经营之神"松下幸之助。正是父亲苦心挖断松下幸之助顺利前进的路，才培养了他直面困难、战胜困难的勇气和信心，也才有了他今天的成功。

在日本，像松下幸之助的父亲这样，故意给孩子制造挫折的爸爸是很多的，他们认为，只有让孩子从小经受一些挫折，日后他们才能独立战胜生活中的挫折，从容地走向成功。要知道，人的抵抗力、免疫力是一步步增强的，从无菌室里走出来的人，往往是脆弱的，他们抵抗不了细菌的袭击。所以，爸爸们应该对"太顺"的孩子进行一些"挫折教育"，帮助孩子树立坚强的信念，无论顺境逆途都能坚强面对。而父母们首先要改变原来的教育态度，让孩子走出大人的"保护伞"，不要怕孩子摔着、碰着、饿着、累着，孩子摔倒了鼓励他自己爬起来，不能为孩子包办一切，孩子的事情让他自己做，自己能解决的问题，如要玩具自己去拿，衣服、裤子自己穿。在家庭生活中，要安排孩子做一些力所能及的事，切不可把孩子成长过程中的困难都解决掉，把他们前进的障碍清除得干干净净。

家长们应该看到这一点，当你替孩子解决麻烦的时候，也便剥夺了孩子自己体验成败的机会，从而也纵容了孩子的依赖性，让他们无法从生活中体验战胜挫折后的自信。人在一生中将会遇到很多困难，父母不能永远充当孩子的保护伞，因此，当孩子遇到困难不知所措时，爸爸应该鼓励孩子勇于面对困难，让孩子转动脑筋，充分利用智慧自己去解决，而不是亲自动手为孩子扫平道路。用你的鼓励，从小培养孩子直面挫折的意识和坚强地承受挫折的能力，方能有效地激发孩子生命的能量，使他们的自信心、创造力在危急与困难时刻发挥到极致，增长孩子竞争取胜的才干和驾驭生活的能力，而父母也少了许多不必要的麻烦。

适度的挫折对孩子的健康成长是有益无害的，孩子面对挫折所表现出来的坚强和勇敢，正是他们日后走向成功的资本。因此爸爸妈妈不妨放开你的手，让孩子自己去面对生活中的一些挫折。

❷ 教孩子独立而不是替孩子做事

如果因为孩子做得不够好或者不够快，我们就替孩子来做，这不仅剥夺了孩子熟练和巩固一种技能的机会，而且抑制了孩子自立的愿望和尝试的热情，父母这种做法会让孩子认为"我做的不如爸爸（妈妈）好，那就让他（她）来做吧"，以及"我这样做会让大人不开心，或许我一开始就不该自己做事"。这样，孩子就接受了父母强加给他们的依赖心理。但是我们常做的事：当孩子形成了依赖习惯之后，反过来说"我的孩子从小就喜欢依赖别人，真没办法"。

其实，教孩子独立比替孩子做事更有价值。可能一些家长醒悟得较

第11课 独立

早，在他们的坚持下，孩子已经习惯了独自上学放学、独自去超市购物，等等。但是这还不够，孩子逐渐长大了，很多时候，他们应该有个小男子汉的模样了，比如独自做决定、独自计划并完成一件事情。这些都是除了课堂学习知识之外孩子必须要掌握的生存本领。让孩子独立负责一件事情，这可以更大限度地激发孩子的积极性，在这个过程中，孩子的学习生存技能以及基本生活常识的效率会空前提高，会学到很多书本和学校学不到的知识。

有人去美国探亲时看到一件很有意思的事情：美国的家长喜欢带孩子去郊游和野餐，有一次他去海边度假，看到许多小孩在海边玩耍，其中一个小孩用手捧着水往岸上的一个坑里灌。由于用手捧水会漏，距离又远，水总是装不满，他反反复复地试了很多次，丝毫不泄气。后来他停下来想找一个可以盛水的东西，但旁边什么都没有；最后他跑到妈妈身边，从自己的小包包中取出一张较硬的纸，然后折成盒状再去盛水，坑洞很快就盛满了水。孩子高兴地笑了，回头看着身后的妈妈，这位美国妈妈正在为他鼓掌喝彩。

很多人说中国的父母是世界上最伟大的，可是我们却很少去思考：在无微不至的关怀下，我们的孩子将会失去什么？每当学校举办户外活动，我们的老师总是对孩子嘱咐再三，像注意安全啦、要遵守秩序啦、不要乱跑啦、队伍排整齐啦……中国的家长和老师都有一个通病：唯恐孩子发生意外，不仅不敢像国外的家长一样让孩子走向大自然探险，就连孩子上下学的路上也担心被车碰撞到、遇到坏人等。我们不是常见到行色匆匆送孩子上学、放学的时候围在校门口焦急等待的家长吗？总觉得孩子长大后就能放手了，然而却因为这种前怕狼后怕虎的心态，总让孩子生活在大人的保护下，却扼杀了孩子的独立性。

我们应该给孩子独立锻炼的机会，比如单独活动、自行购物、与小朋友交往、独立完成作业等，越是有一定的困难度，越是要让孩子自己去做。因为只有让孩子经常完成具有一定难度的事情，他才能够锻炼自己克服困难的能力和体验到成功的喜悦，从而增强自信心和独立性，并变得坚强起来。

有一个小故事是这么说的：老人在山里打柴时，拾到一只很小的样子怪怪的鸟，那只怪鸟和出生刚满月的小鸡一样大小，也许因为它实在太小了，还不会飞，老人就把这只怪鸟带回家给小孙子玩耍。老人的孙子很调皮，他将怪鸟放在小鸡群里，充当母鸡的孩子，让母鸡养育。母鸡没有发现这个异类，全权负起一个母亲的责任。怪鸟一天天长大了，后来人们发现那只怪鸟竟是一只鹰，人们担心鹰再长大一些会吃鸡。为了保护鸡，人们一致强烈要求：要么杀了那只鹰，要么将它放生，让它永远也别回来。这一家人自然舍不得杀它，他们决定将鹰放生，让它回归大自然。然而他们用了许多办法都无法让鹰重返大自然。这只鹰从小习惯了被照顾，死活不肯离去。后来村里的一位老人说：把鹰交给我吧，我会让它重返蓝天，永远不再回来。老人将鹰带到附近一个最陡峭的悬崖绝壁旁，然后将鹰狠狠向悬崖下的深涧扔去。那只鹰开始也如石头般向下坠去，然而快要到涧底时，它终于展开双翅托住了身体，开始缓缓滑翔，然后轻轻拍了拍翅膀，就飞向蔚蓝的天空，它越飞越自由舒展，越飞动作越漂亮。它越飞越高，越飞越远，渐渐变成了一个小黑点，飞出了人们的视野，永远地飞走了，再也没有回来。

想让鹰学会飞翔，就要给它蓝天，整天待在鸡窝里，它是永远学不会飞翔的。我们要想让孩子的人生有所造就，就必须懂得在关键时刻把他带到人生的蓝天，让他去历练、去学习，最终才能真正飞翔起来。我们必须明白：时光会流逝，父母不可能永远跟着孩子，无法为孩子预约未来；社会在进步，事情不会一成不变，也不能为孩子设定方法；更何况孩子长大后所处的时代一定跟原来他小时候的年代不同，身为父母，自己能否完全适应现在这个社会都是未知数，倒不如让孩子在他力所能及的事情上，自己去思考问题、解决问题，逐步培养孩子独自处理事情的能力。对于孩子来说，过程比结果更重要。这样，孩子才能大胆地去探索外面的世界，才能得到锻炼，为未来打下坚实的基础。

（1）要学会抓住教育时机，适时地给予引导

很多独立的习惯要从小注意去培养，观察儿子在独自处理问题时有哪些优点和不足，然后有针对性地去锻炼他。

（2）一定要给孩子提供自己解决问题的机会

很多时候家长不妨刻意给儿子"制造"一些麻烦，然后让他自己去想办法解决。在这个过程中，刻意培养儿子的思考能力、变通能力以及做决定的能力，对于他思维方式的建立以及勇气的发展都有很大的帮助。

❸ 尽量不给他能够依赖的机会

人是社会的，更是自己的。我们虽然处在一个和谐的社会，但人生中那些风风雨雨的确时常令人感到无助，于是有些人想要寻求一些帮助，却往往是带着希望而去，一脸失望而归。实际上，求人不如求己，生活中，

没有谁是谁的完全寄托者，脚下的路还得自己走，再多的苦还得自己扛，谁也替代不了。

有个中国大学生，以非常优秀的成绩考入加拿大一所著名学府。初来乍到的他因为人地两疏，再加上沟通存在一定障碍，饮食又不习惯等原因，思乡之情越发浓重，没过多久就病倒了。为了治病，他几乎花光了父母给自己寄来的钱，生活渐渐陷入困境。

病好以后，留学生来到当地一家中国餐馆打工，老板答应给他每小时十加元的报酬。但是，还没干到一个星期他就受不了了，在国内，他可从来没做过这么"辛苦"的工作，他扛不住了，于是辞了工作。就这样，他不时依靠父母的帮助，勉勉强强坚持了一个星期，此时他身上的钱已经所剩无几。所以在放假那会儿，他便向校方申请退学，急忙赶回了家乡。

当他走出机场以后，远远便看到前来接机的父亲。一时间，他的心中满是浓浓的亲情，或许还有些委屈、抱怨——他可从来没吃过这么多的苦。父亲看到他也很高兴，张开双臂准备拥抱良久不见的儿子。可是，就在父子即将拥在一起的刹那，父亲突然一个后撤步，儿子顿时扑了个空，重重地摔倒在地。他坐在地上抬头望着父亲，心中充满了迷惑——难道父亲因为自己退学的事动了真怒？他伸出手，想让父亲将自己拉起来，而父亲却无动于衷，只是语重心长地说道："孩子你要记住，跌倒了就要自己爬起来，这个世界上没有任何一个人会是你永远的依靠。你如果想要生存、想要比别人活得更好，只能靠自己站起来！"

听完父亲的话，他心中充满惭愧，他站起来，抖了抖身上的灰尘，接过父亲递给自己的那张返程机票。

他不远万里匆匆赶回家乡，想重温一下久违的亲情，却连家门都没有

第11课 独立

踏入便返回了学校。从这以后，他发奋努力，无论遇到多少困难、无论跌倒多少次，都咬着牙挺了过来。他一直记着父亲的那句话——"没有任何一个人是你永远的依靠，跌倒了就要自己爬起来！"

一年以后，他拿到了学校的最高奖学金，而且还在一家具有国际影响力的刊物上发表了数篇论文。

如果一个人在生活和工作中总是依赖别人的呵护与帮助，即便他具有再强大的本领，也只能是在激烈的竞争中不堪一击。所以，独立能力是具备竞争力的必备前提。所谓独立，就是能够主动地发现问题、解决问题，并在任何形式的对抗中掌握控制的权力。独立是一种基础生存能力，是塑造自我、完善自我的首要条件。

对于孩子来说，独立解决问题的能力对于他的成长和发展来说是至关重要的。俗话说："温室里长不出参天松，庭院里练不出千里马。"这个道理虽浅显，蕴含的意义却很深刻。试想：如果我们的孩子三岁还不会自己上厕所、四岁还不会自己换衣服、五岁还记不住家的方向，那么，就算他能识字上千、背诗百首，人们能承认他是"天才"吗？这样的孩子长大后又会怎样呢？这样的例子在历史上其实比比皆是，许多"天才神童"在长大成人后沦为平庸之辈甚至丧失生活能力者并不少见。现实生活中，有不少父母认为，孩子还小，自己做事有危险，等到孩子大了，到一定的年龄，自然就会懂得独立。以至于很多孩子到四五岁时还不会自己穿衣服，遇到什么事情都要依靠父母。而事实证明，越早独立的孩子，长大后的自理能力越强，也更能适应现代社会的激烈竞争。

在西方，通常家长们都格外重视培养孩子这种独立竞争的能力。曾经有一位成功人士讲起自己小时候这方面的经历时这样说："小时候，有一天妈妈拿来几个苹果，我和哥哥弟弟都争着要大的，妈妈把那个最

179

大的苹果拿在手上高高举起，对我们说：这个苹果最大、最红、最好吃，谁想得到它？很好，现在让我们来做个比赛。我把门前的草坪分成三块，你们两个人一人一块，负责修剪好，谁干得最快最好，谁就有权得到最大的苹果。"我们三人比赛锄草，结果我赢得了它。我非常感谢母亲，她让我明白了一个道理："要想得到最好的，就必须付出配得上它的努力。"

这种从小培养孩子勇于去争取、勇于去竞争的做法，对于孩子将来步入社会之后的帮助是非常大的。想必大家都有体会：曾经在家有父母的照顾，在学校有同学老师的照顾，但是走上工作岗位之后，身处职场，没有人再会刻意去照顾你，所有的事情都需要自己承受、自己打拼。许多刚毕业以后步入社会的朋友都会经历一段不适应的时期，觉得自己一下子被整个世界冷落了，但是心情低落一段时间之后就会明白：这个世界上除了亲人朋友，没有谁有责任去照顾你、呵护你，所有的事情都需要学会自己去承担，这正是每一个人步入社会后必经的成熟过程。事实证明，命运不会刻意去照顾任何一个人，它只青睐那些自强自立的人，一个人如果没有勇气去争取自己想要的东西，那么他永远不可能取得成功。

曾经有一位教授，专门观察记录一群大学生在课堂里的座位选择，他发现：有的学生总是喜欢坐前排，有的则是喜欢坐中间，有的则经常选择后面的位子。十年后，这位教授公布了自己的研究结果：当年那些总坐前排的学生，事业获得成功的比例远高于其他同学。无独有偶，美国有一位著名的心理学专家的观察也证实了这一点。早在1969年，他就研究发现：主动选择最前排座位的学生参与课堂活动的比例达61%，对功课更感兴趣，更愿意主动与老师交流。而选择最后一排以及两边座位的学生，参与比例只有31%和48%，而且在听课时容易走神、喜欢做小动作。可见，一个人主动选择坐前排，意味着他有更积极主动的心态，意味着他更乐于参与和交流，意味着他对新鲜事物有着更强烈的兴趣、保持着更敏锐的感觉，于是，他也就获得了更丰富的信息，获得了更多的展示和锻炼的机会，有了更强的自信心。

其实，是否坐在前排这个问题只是个形式问题，它所反映出来的本质问题是：一个人是否能够保持积极主动的心态。有了这样的心态，才有成长的动力。因为只有当一个人愿意成长的时候，成长才成为可能。

（1）在日常生活中注意扩大孩子的接触面

通常来说，那些怯于表现的孩子面对众多目光只是觉得不安，而并不是讨厌赞美和掌声，所以，家长应有意识地扩大孩子的接触面，让孩子经常面对陌生的人与环境，逐渐减轻不安心理。要经常带孩子参与社交，鼓励他与同龄朋友一起玩耍，建立友谊，经常到同事、亲戚家串门；在假期的时候一家人背上行囊去旅游，让孩子置身于川流不息的游客潮中……随着阅历和见识的增长，孩子面对别人的目光时便会多几分坦然，也增加了竞争的勇气。

（2）尽量多创造机会让孩子去表现自己

对于孩子来说，有了家长的肯定，再加上外人的广泛认可，孩子的自信心会得到强化。要抓住机会鼓励孩子去表达自己，争取他想要的东西，当然，在这个过程中不能强迫，如果孩子还是拒绝，家长不要再施加压力，要给孩子一个台阶下，这样才能在保证孩子自尊心不受到伤害的情况下，积极地去表现自己。

④ 尝试让孩子帮你解决问题

不仅大人们在工作中需要成就感，男孩在生活中也是需要成就感的。成就感带给男孩子的快乐是任何其他的快乐所难以比拟的，也是任何痛苦都掩盖不了的。家长应该懂得成就孩子，懂得满足孩子的心理需求，而不仅仅是物质上的满足。

父母疼爱儿子是天经地义的事情，但是家长们千万不要过分宠爱孩子，尤其是男孩，如果一个男孩被你宠爱得不会做任何事情，他们依然不会开心，因为妈妈们总是表现出强大的力量，让孩子失去了表现自我的机会，从而男孩总是会认为自己是一个"弱者"。在长大之后，这种思想也会如影随形。最终，男孩变得懦弱，遇到一点点的困难就可能让他们精神崩溃。所以说，爸爸妈妈们应该适当地满足一下男孩小小的成就感，让他们知道自己并非什么也做不了，让他们相信自己一定会是最棒的。

当儿子想要帮助爸爸妈妈做一些事情的时候，爸爸妈妈们可能会说："乖，听话，去一边玩去，让爸爸（妈妈）赶快弄，不要打扰爸爸（妈妈）好不好？"或者是当儿子主动帮妈妈做家务时，妈妈会说："哎呀，我的小祖宗，谁让你拖地的，你干不了这个，赶快去洗洗手，看电视去。"此时，儿子只有乖乖地放下手中的拖布，然后失望地离开大人的视线。家长们以为这样才是对孩子好，甚至有的家长舍不得孩子做一点点的事情，认为孩子还小，应该宠着他们。但是他们忽视了孩子在慢慢长大，他们需要的不仅仅是父母的宠爱，也需要自己"宠爱"自己，而最好的办法就是感觉到成就感。

其实，爸爸妈妈们可以适当地"装笨"，让孩子帮助自己解决一些简单的问题，适当地满足一下儿子的成就感。在孩子帮自己做完事情之后，一定不要忘记给予鼓励和夸赞，这样会帮助孩子变得更加的勇敢和自信。尤其是对于男孩来讲，自信和勇敢是关系到他们以后能否成功的关键因素之一。

殷丽娜今天工作很忙，所以让丈夫接儿子回家。她回到家中已经是晚上七点了。这个时候丈夫已经把晚饭做好了，儿子也将作业做完了，她一进门丈夫就张罗着吃饭。

吃完饭后，丈夫就去看电视了，殷丽娜忙着收拾碗筷，洗碗刷锅，根本没看儿子在干什么。这个时候只听到"嘭"的一声，殷丽娜知道是儿子出了什么问题，跑出去一看，是儿子不小心把餐桌上的花瓶打碎了。她看到儿子拿着擦桌布愣在了那里，一动不动，两眼盯着地上的花瓶碎碴。因为个子矮，在擦桌子的时候，儿子的衣袖也蹭上了桌子上的油。虽然殷丽娜没有骂儿子，但是她冲儿子说道："你还小，擦桌子让你爸爸做，看你把花瓶都打碎了，胳膊上还蹭了那么多油，妈妈洗衣服的时候又要花很长时间了。"儿子虽然没有哭，但是也不开心，低着头坐到了沙发上，乖乖地看起了电视。

连着两天的时间，儿子都一直不高兴，殷丽娜便问儿子出什么事情了，怎么看起来不开心，儿子说道："妈妈，前两天明明帮他的妈妈擦桌子，他的妈妈很开心，就连老师也夸奖了明明。但是为什么我帮妈妈擦桌子，妈妈却不开心呢？"殷丽娜终于知道了儿子的心思，她当然知道了要怎么做。

第二天下班后，她一边做饭一边对儿子说："宝贝，妈妈现在忙着做饭，没时间给花浇水，宝贝能不能帮妈妈给花浇浇水呀？"儿子一听，眼睛一亮开心地答道："好的。"说完跑着去给阳台上的两棵茉莉花浇水。之后，殷丽娜夸奖儿子真是能干，儿子自然十分地开心，并且还自告奋勇说："妈妈，以后给花浇水的事情，就让我来做吧。"

其实，男孩需要的不仅仅是父母的百般疼爱与呵护，更需要的是心灵的满足。就如例子中的殷丽娜的儿子一样，他只是想要帮自己的妈妈做点事情，想要证明自己也是可以帮助妈妈做事情的，而这种成就感如果得不到满足，那么很可能会影响到孩子以后做事情的积极性和主动性。合格的家长，应该懂得怎样培养男孩勇敢积极的做事态度。而优秀的父母也并非是在孩子面前无所不能的人，而是能够适当示弱，满足孩子成就感的爸妈。

那么，我们怎样满足男孩做事情的成就感呢？

（1）日常生活中，注意自己的语言，千万不要贬低孩子

有的家长在日常生活中，很少注意自己的言语，比如说当孩子想要帮他们做一些事情的时候，他们会说"你还小，这些你做不了"，或者是"别碰，小心把东西摔坏了"。这些话都会使孩子产生消极的做事心态，久而久之，他们会觉得自己还小，所以什么事情也做不了，对他们的成长自然是不利的。

（2）示弱有技巧，主动恳求孩子去做一些事情

爸爸妈妈们不要以为自己将所有的事情都给儿子安排妥当，他们就会开心，更不要认为孩子不喜欢做事情。每个孩子都需要成长，而在成长的过程中，最重要的恐怕就是让他们亲自去做一些力所能及的事情。所以说，这个时候爸爸妈妈们不妨假装自己做不了，恳求孩子帮自己做，这样不但能够满足他们内心小小的成就感，还能够培养他们的自信心。

（3）做完事情之后，千万不要忘记夸奖孩子

没有孩子不希望父母夸奖自己，当爸爸妈妈夸奖儿子的时候，他们内心才会觉得自己所做的是正确的或者是值得的。所以说，爸爸妈妈们在让孩子做完一件事情后，千万不要吝啬自己的夸赞。

❺ 让男孩为自己撑起一片天

自理能力是一个孩子从依赖到独立的过程，即孩子从依赖家长的帮助，到学习认知照顾自己的衣、食、住、行的历程。

孩子的自理能力是他们形成健全人格的基础，是他们顺利进入青年时期的前提，同时对他们今后的成人化和社会化都有着极为重要的影响。

对孩子来说，自理能力是踏出家庭保护网的第一步；对于男孩来说，自理能力是将来独自走天下的必备技能。

对于以上道理，每位家长都懂得，可是运用在实际生活中，却是另一回事。因为当今许多孩子是独生子女，父母对他们自幼宠爱，无论什么都一手替他们操办，造成了他们生活自理能力很差，对父母依赖性很强的通病。

贝贝已经是五年级的学生了，可是自己上学的"行囊"还要妈妈来整理。而且每天过的是饭来张口、衣来伸手的"幸福"生活。他从不洗碗筷，每次吃完饭的时候，总是把碗筷一放，该玩就玩去了；他的衣服从来都是妈妈洗，自己没有洗过一件，每次衣服脏了，就脱下来，交给妈妈

"处理"。

原来，贝贝是家里的独苗，父母疼爱得不行，自从他来到这个世界，就成了父母的心肝宝贝。孩子小的时候，本来有自己的事情自己做的潜意识，但每当孩子自己想干一些活的时候，妈妈就说："你还小，大了再说。"

等到孩子大了的时候，妈妈却说："你的任务就是好好学习，不需要干这干那的。"久而久之，贝贝养成了什么事情都靠父母的习惯，以至于上学的用具还需要妈妈帮他整理。

直到有一天，学校组织学生们去野外生存训练，贝贝回家问妈妈怎么做时，妈妈才意识到孩子不能自理的严重性。

如今许多孩子生活在父母的溺爱中，很少能够自理。身为家长，应该从小就培养孩子的自理能力，这样在他们走出家门的时候，才能照顾好自己。

培养孩子的自理能力，应该让孩子从力所能及的小事做起。古语说得好："合抱之木，生于毫末；九层之台，起于垒土。"只有让孩子从小事做起，锻炼自理能力，才能为日后独自闯社会铺就一条道路出来。

浙江有一名大学生，他的一天是这样度过的：

每天早上六点半，他就要起床给因身患尿毒症而丧失劳动能力和生活自理能力的妈妈烧好早饭，然后跑到学校上早自习，中午再从食堂带饭给妈妈。

上完一天的课，他就赶紧回到家里（校外的出租房），整理家务并清洗衣服。做好这一切后，他又回到学校里打扫食堂卫生——这是学院为他争取来的勤工俭学的岗位，每个月有50元的工资，每日三餐也可以全部免费。

在食堂吃饭的时候，他还把自己饭菜的一半分到另一个盒子里，这是带回家给妈妈吃的。接着,他匆匆忙忙地赶到教室上晚自习,这时离晚自习时间仅有两分钟。他利用晚自习时间做作业并温习一天的功课。

晚自习一结束,他就匆匆赶回出租房里,给母亲敷药、打针,一路上,他心里想着:妈妈肯定饿坏了……

晚上,他就和妈妈睡一张钢丝床,妈妈睡这头,他睡那头,要是妈妈不舒服,他就马上爬起来照顾妈妈。

这名学生名叫刘霆,此时的他仅有19岁,却已经担负起了家庭全部的重担,还要完成自己的学业。

他小的时候也曾有过一个幸福的家庭。爸爸是个职员,妈妈是缝纫师傅,家里经济状况在当地还算不错。但是父母没有因为家庭条件不错,就溺爱孩子,而是从小就让他做自己力所能及的事情,可以说是自己的事情自己做。

当他会自己吃第一口饭时,父母绝不再喂他一口;当他能够自己穿衣时,父母绝不再给他穿一次衣服;当他会自己洗衣服时,父母绝不给他洗一次衣服。

在这样的锻炼下,刘霆上小学三年级的时候,就已经是个小大人了。所有自己的事情,都能够完全自理。

三个人的幸福家庭,在刘霆上小学六年级的时候,因为母亲的尿毒症彻底改变了。治病耗尽了家中所有的积蓄,父亲不堪忍受而离家出走,殷实美满的三口之家顷刻变成母子相依为命。

从小就能够自理的刘霆,没有像父亲一样逃走,而是毅然挑起了求学、给母亲看病、养家的重担,直到现在,他毅然用瘦弱的肩膀为母亲撑起一片天。

刘霆之所以能够肩负起和他年龄段不相称的重任,就是因为他小时候学会了自理，培养出了自己独立生活养家的能力。如果把上文中的刘霆换成贝贝，那贝贝能否挑起生活的重担呢，结果是可想而知的。

培养孩子的自理能力，家长可以按如下方法去做：

（1）让孩子通过自我服务来培养他们的自理能力家长应结合品德教育，利用故事、儿歌等来培养孩子的自我服务意识，从小指导孩子剪指甲、洗手、洗杯子、洗手帕等，并要求他们自己穿衣服、穿鞋、系鞋带，并要求坚持。

（2）通过评价、激励来培养孩子的自理能力

对孩子习惯性的自理行为，家长要及时地给予表扬和鼓励；对孩子偶发的自理行为，家长要及时表扬，并提出进一步的要求。这样让孩子体验自理的快乐，从而达到培养孩子自理能力的目的。

（3）家庭中的长辈不要溺爱孩子

有许多的幼儿与长辈生活在一起。有些父母由于工作忙或贪图方便，把孩子寄托给自己的老人。由于"隔代亲"的影响，长辈们往往重养轻教。也有些父母想让孩子自己动手，但长辈舍不得，百般阻拦，教育方法上不一致，使孩子自理的能力得不到发展。

（4）父母要给孩子提供"自己的事情自己做"的空间

许多家长怕孩子自己动手，吃饭慢了怕饿着，穿衣慢了怕冻着，自己走着怕累着，自己洗脸怕洗不干净，从而包办代替，这个不准动，那个不让摸。家长过多的限制和包办，无意中剥夺了孩子自己动手的机会。家长应该给孩子一个独立做事的空间，不要包揽孩子的一切。

吃自己的饭，流自己的汗，自己的事情自己办，靠人、靠天、靠祖上，不算是好汉。那么，我们为什么不让孩子自己的事情自己做呢？

第 *12* 课

求 知

男子汉守则

学习是终身的事情

西点军校不会容忍懒汉的存在，那些贪图安逸、不思进取的人就算侥幸通过前期考核进入西点的大门，迟早也会被扫地出门。在西点人看来，追求享乐和怠惰谁都会，能够战胜它们的才是英雄。

在西点有这样一个口号：没有最好，只有更好。西点要求每一名学员都要永远追求更高层次的目标，要把进取当作一生的事情来做。毕业于西点军校的、美国第34任总统艾森豪威尔就是这一条令的忠实实践者，他毕生都认为：在这个世界上，没有什么比坚持不懈、不断进取对成功的意义更大。"才能出众者，才堪担当重任；而努力学习，刻苦训练，是获得才能的唯一途径。"艾森豪威尔告诫西点学子。"闲暇时光如果不用来读书，以累积发展自我的力量，而在无所事事中任其流逝，是非常可惜的。"西点军校前学员团团长麦康尼夫对他的后辈们提出了谆谆教导。

同样是毕业于西点军校的艾尔伯特·哈伯特则把这种精神延续到了自己的子女身上。在哈伯特先生看来，最愚蠢的行为，就是晚上上床时还像当天早上起床时一样一无所获。他常对身边的人说："需要我们学习的东西简直太多了，虽然我们出生时一无所知，但只有傻子才会让自己永远无知下去。"他不仅用西点的学习精神严格要求自己，还把这种精神传输给了孩子们。为了防止子女们安于现状，自满于已取得的成绩，哈伯特先生像当初教官要求自己一样，要求孩子们每天学习一个新知识，并且在晚饭前全家进行交流，如果谁没有完成任务，那么全家都要和他一起不能吃晚饭，直到这个人找出新的知识为止。而当孩子们讨论各种知识时，哪怕是非常简单无趣甚至是无聊的知识,他都会非常乐于参与其中,他就像自己的教官一样,要以自己的行为带动孩子们进取的劲头。

譬如有一天,他的小女儿莉娜为了完成任务,在饭前匆忙找了一个新知识——不丹的人口是多少?然而这个问题一提出来,全家人都被难住了,事实上大家都没有注意过这么琐碎的知识。接下来,哈伯特先生打破了沉默,他说:"亲爱的,你来告诉孩子们,不丹的人口有多少。"这时哈伯特夫人幽默地说:"不丹?我不但不知道它的人口数量,我甚至连它在什么地方都不知道。"这个回答正中哈伯特先生下怀,他赶忙接过话头:"孩子们,去把地图拿来,我来告诉你们妈妈不丹王国在哪儿。"就这样,全家人围着地图开始寻找起来,几乎连饭都忘记了吃。

在这种氛围下,全家人始终保持着高涨的学习热情,他们在饭桌上学到了很多知识,大家共同进步着。哈伯特先生说:"一个人,不一定要做出多么令人瞩目的成就,但必须终身学习,终身进取。"

每一届西点学员都会记得他们的第一任校长乔纳森·威廉斯先生的教导:"不管你有多么伟大,你依然需要提升自己,如果你停滞在现有的水平上,事实上你是在倒退。"请与西点学员一起喊起那句口号"You will shape up or shake up."——你要不断进取、发挥才能,否则将被淘汰。

家教承接：教会孩子自主学习的能力

❶ 引导孩子在思考中成长

孔子在《论语》中告诉人们："学而不思则罔。"洛克威尔曾说："真知灼见，首先来自多思善疑。"先贤哲人都认为，思考是学习的点金术。

正是如此，瓦特看到水开了，在不懈的思考中发明了第一台蒸汽机；牛顿看到苹果落地，经过冥思苦想，发现了万有引力定律……由此可见，善于思考者必定受益无穷。如果父母从孩子小时候起，就培养他勤于思考的习惯，那么这对于孩子的学习成长将会非常有益。

有一个男孩，从牙牙学语时起，父母就很注意培养他动脑的习惯。父母去商店买油盐，就带上他，让他去看售货员打算盘，做计算。很快，这个孩子对奇妙的阿拉伯数字产生了浓厚的兴趣。回到家，父母便教他学习简单的加减法。

过春节，父母忙着做汤圆，母亲便问他："数一数，做了多少个？"

"28个！"这个孩子一一数完了，响亮地回答。

"再做几个，每人就能都吃到十个汤圆呢？"母亲启发他。

"再做两个就够了！"

当这个孩子再长大一些，父母就让他独自到店里买油打醋。每次买东西回来，他把账都报得一清二楚。就是这种让孩子处理问题的方法培养了他勤于思考的习惯。

因为拥有勤于思考的习惯，上学后他的智力超出常人许多。在短短的数年内，他便学完了别人用十年才能学完的功课。

这个孩子就是顺利考上中国科技大学的15岁大学生施展。

由此可见，培养孩子勤于思考的好习惯，非常有益于孩子的学习和成长。善于思考是一种好习惯，它能传承精华，去除糟粕，是孕育智慧的火花。家长绝不能因为孩子的问题繁多、幼稚而熄灭了孩子孕育智慧的火花。

有个小男孩，经常缠着妈妈给他讲故事。一天，妈妈给他讲聪明的小白兔战胜可恶的大灰狼的故事。他不解地问妈妈："为什么小白兔就是好的，大灰狼就是坏的呢？"妈妈先是愣了一下，接着狠狠给了儿子一个耳光，她声色俱厉地说："笨蛋，这难道还用问吗？这不是显而易见的吗？"

男孩"哇"的一声哭了。妈妈不耐烦，又狠狠地抽了儿子两下说："哭，哭，有什么好哭的，这么笨还好意思哭！"

男孩莫名其妙地挨了打，却不知道自己错在哪里。那天晚上，他躺在床上，心里愤愤地想，你是大人就可以不回答我的问题，就可以不讲理吗？你力气大就可以随便打我吗？从此他不再缠着妈妈讲故事，也失去了听故事思索提问的好奇心，但心中却留下了仇恨。

这位妈妈怎么也不会相信，自己一记重重的耳光，不仅剥夺了儿子爱思考的好习惯，也打跑了儿子的自尊心。学问就是"学"和"问"，意思就是一定要学着怎样去问问题。学习不思索、不质疑、不提问，怎么能是真正的学问呢？

孩子能够提出问题，表明他经过了认真的思考。不管孩子提出的问题是多么天真幼稚、多么搞笑、多么不可思议，父母也都要抱以鼓励的态度，保护孩子这种用心思考的精神。

培养孩子勤于思考的习惯，就要认真而有耐性地回答孩子的提问，并给予肯定和鼓励。只有这样，才能激起孩子爱思考的好奇心。

在飞机上，一位妈妈与她的两个孩子一直在讨论一些有趣的问题。比如飞机怎样飞，飞机在飞的时候为什么"不会动"，飞机上的窗户为什么不能够打开，这么大的飞机是怎么飞上天的，为什么人不会飞，等等。

对于孩子提出的每一个问题，母亲总是耐心地回答。当然，母亲并不能准确回答每一个问题，那她就和孩子热烈地讨论着，孩子的兴趣越来越大，提出了绝大部分成年人没想到而且回答不了的问题。

孩子的好奇心既是孩子思考的温床，也是孩子提问的源泉，所以想要培养孩子勤于思考的习惯，就绝不能扼杀了孩子的好奇心。

培养孩子勤于思考，家长需注意以下几点：

（1）鼓励孩子提问题

问题是思维的起点。法国著名文学家巴尔扎克说："打开一切科学之门的钥匙都毫无异议的是问号，我们大部分伟大的发现应归功于'如何'，而生活的智慧大概就在于逢事都问个为什么。"可见孩子积极思考，主动提出问题，对于孩子思维的发展极其重要。

（2）善于对孩子提问

父母在鼓励孩子提问题的同时，也要善于向孩子提问题。父母的问题要针对孩子感兴趣的事物，孩子才乐意回答。同时，还要掌握提问的技巧，因为这样既有利于增进亲子关系，还可以激发孩子的思考能力，同时可以培养其表达能力。

（3）训练孩子的逆向思维

如果孩子只接受到单向思维的训练，形成了一种固定的思维模式以后，思维的灵活性就会明显降低。而逆向思维是一种可逆性思维，它既能把事物的本质从正面反映出来，也能从反面反映出来，这样就能帮助孩子从正反两个方面更全面、更灵活地去看问题、思考问题。

高尔基说："懒于思索，不愿意钻研和深入理解，自满或满足于微不足道的知识，都是智力贫乏的原因。这种贫乏用一个词来称呼，就是愚蠢。"

❷ 启发孩子在观察中见到不平常

任何人学习知识的过程都是从观察开始的。而许多人之所以能在相同的生活环境下、接受相同的教育后，却取得比别人更辉煌的成就，就是因为他们比那些平庸者有更强的观察力。

东汉末年，孙权为了讨好曹操，特意送给他一头大象。

曹操生在北方，从未见过大象，接受此礼非常高兴。于是他就带了好多大臣同去看大象。看过大象后，曹操一时兴起，就让大臣想办法来称大象的重量。

大臣们想了好多办法，都不能令曹操满意，反而使曹操恼怒起来。正在这时，曹操听到人群中有个童音大喊道："我有办法，我有办法！"

曹操和他的大臣们一看，原来是曹操六七岁的小儿子曹冲，曹操失望地喊道："你过来捣什么乱，快到一边玩你的吧。"受到委屈的曹冲不但不走，反而认真地说："父亲，我真的有办法。"

"把大象赶到河中的大船上去，水在船帮上淹到哪里就刻个标记，然后把象牵走，抬石头到船上，压到刚才刻的标记，再将石头一块一块过秤，不就可以称出大象的重量了吗？"曹冲说。

曹操听后，连连点头称是，按儿子的办法果然称出了大象的重量。

一个六七岁的小孩，能够轻而易举地解决一个满朝文武都不能解决的问题，并不是因为他比大臣们的学问高深，而是他善于观察和分析的结果。

其实，古今中外许多深奥的科学原理是科学家们在一些人们早已司空见惯的现象中发现的。阿基米德在洗澡时发现了浮力原理；苹果砸在牛顿头上，牛顿便发现了万有引力原理。这一切都有力地说明：只有善于观察的人，才能从平常中见出不平常。

达尔文从小热衷于观察动植物，他长期饲养小动物，并观察它们的生活习性；他在野外观察不同种类的植物；在船上考察海洋里的生物……在观察的同时，达尔文还坚持记观察日记，最终完成了《物种起源》。

在有人向他讨教成功的经验时，达尔文说："我既没有突出的理解力，也没有过人的机警，只是在觉察那些稍纵即逝的事物并对其进行精心观察的能力上，我可能在众人之上。"

学生学习成绩落后的原因纵然是复杂的，但普遍的特点之一是观察力差。所以，要提高孩子的学习成绩，发展他的智商，就必须提高他的观察力。

观察力是人们认识客观事物或现象的基本能力，观察力是智力的基础。观察力强，就能使孩子有能力获得丰富的素材，获得真实的感受和正确认识。如果有素材，孩子说话就有根据，空话、假话、废话就少，判断问题的正确性也相应提高。反之，观察力弱，尽管瞪大眼睛去看，所见到的东西却不一定多，有时还出现错误。人们常说："善观察者，可见常人所未见；不善观察者，入宝山空手而回。"所以，培养孩子的观察力是非常重要的。

培养孩子的观察能力，家长可以让孩子从以下几点做起：

（1）排除错觉干扰

心理学家认为，错觉是人类天生的弱点之一。观察时需要思考，不要看见什么就是什么。我们在水银灯下看到某人的面孔发蓝，就不能认为某人面孔的颜色"难看"，还应想一想是否属于色彩错觉问题。

（2）明确观察对象

善于从复杂的背景中将观察对象突现出来，即根据一定的目的、任务，对观察对象进行选择。英国物理学家法拉第观察实验时，首先总要从纷纭复杂的背景中，有针对性地观察最主要的东西，对无关紧要的事物"视而不见"，从而有所发现、发明。

（3）注意细节

同类事物的差别在于细节的不同，如果没有细微的观察能力，人们是不会注意到这些的。所以，培养孩子的观察力，就应该让孩子注意细节。

（4）培养孩子多角度观察事物的能力

人们从不同的角度观察问题，效果是不同的。观察要努力做到客观、全面，不要以偏概全，更不能以孤立静止的观点去看变化和发展的事物。培养孩子的观察力也应该如此。

（5）培养孩子的综合观察能力

事物皆有隶属关系，在观察中善于从整体中分析局部，从局部中推导整体，不仅能帮助孩子克服观察中的主观片面性，还有助于减少观察步骤，达到"见一斑而窥全豹"。

（6）观察要注意点面结合

培养孩子的观察能力，要逐步让孩子学会观察场面的全貌同观察场面的重点活动结合起来。既要观察到整个场面的情景气氛，又要观察到人物具体活动的细节。对于年龄小的孩子，可以先从小的场面、自己比较熟悉的场面观察起。比如，过节时家里做饭的场面、买东西的场面、放学时的场面、做卫生值日的场面等。

观察能力是从事任何一项活动都必须具备的能力。许多人成为科学家、文学家，都和他们非凡的观察力分不开。一个人如能勤于观察、善于观察，就会随时发现问题，得到意想不到的收获。

❸ 让孩子在专注中提高学习成绩

专注力是提高孩子学习成绩的重要秘诀，如果孩子学习经常开小差，总是三分钟的热度，他就不可能取得好的成绩。

有个非常聪明的小男孩，上小学三年级，可是做什么事情老是不专注、坐不住，学习上也是如此。

上课时，本来在好好地听课，可是当窗外的杨树叶被风吹得沙沙响时，他便扭头向窗外望去。自习课做作业，他时不时地想着下课，去和大家做游戏……

放学回家后，书包一扔，一下子扭着屁股，一下子跳上沙发……该做家庭作业了，谁知他又搬出一大堆的玩具来玩，还不时地捉弄一旁的弟弟……由于他学习没有专注力，成绩怎么也提不高。面对这样的孩子，父母伤透了脑筋。

由此可见，专注力对于孩子的学习是非常重要的，专注力不强，学习质量难以保证。只有在学习中保持很好的专注力，孩子才能取得良好的学习成绩。

刘智勇是某中学的一名学生，他学习成绩优秀，就是因为他有很强的学习专注力。

他上课听讲能做到"两耳不闻窗外事"。上课时为了不受其他事物的干扰，他首先是把课桌上与本课学习内容无关的东西都放进抽屉，比如这节是语文课，他就把桌子上摆放的圆规、三角板、量角器等东西都收进抽屉，桌子上只放语文课本、笔记本等上语文课必用的书籍和学习用具。这样桌子就显得整洁，在听课时就不会因为桌子上的东西太多而分心，从而影响注意力。

另外，他还比较注意锻炼自己的自控力，比如听到教室外有什么声音，就尽量控制自己不转过头去看，也不要去想，提醒自己眼睛要随着老师讲课的进度看黑板或是课本，思路要跟着老师，而不是人坐在教室里，心里却想着其他的事情。

最后，为了避免周围的同学上课时做"小动作"影响自己，在课下他经常提醒同学上课要集中注意力，不要做小动作，这样害人又害己。同学们大都能接受他的意见，这样，他就有一个非常好的学习环境了。

由此可见，专注力是保证孩子学习成绩优秀的重要秘诀。所以，想要提高孩子的学习成绩，就要培养孩子学习的专注力。

造成孩子学习不能专注的原因有偶然性因素和经常性因素。比如，和同学们有了矛盾或身体不适等情况造成的上课状态不佳，属于偶然性因素。经常性因素则是由于孩子的注意力不集中造成的，如缺乏认真学习的态度、厌学情绪、对某一种事情不喜欢等。父母应根据情况分析孩子学习不能专注的原因，及时帮助孩子改正缺点。

小明在课堂上注意力不集中，思想容易开小差。如老师讲课时，他的思路并没有跟着老师，而是想着头天晚上看过的动画片，想着下一节是体育课就可以打球；有时他坐在座位上发呆，连老师的提问都没听到；有时朝周围的同学做小动作，影响了别人的学习。老师的批评教育对他效果不大，便把这件事反映给了他的父亲。

小明的父亲收到老师的反馈信息后，在和小明的沟通中，发现小明上课之所以总是走神，是因为在作文竞赛中，没有取得好的名次，而觉得自己不如人。他就这一情况有针对性地向小明讲了失败一次并不等于永远失败的道理，同时，还告诉小明要以平常心面对学习中的得失。另外，他还买来一些名人的传记给小明看，并告诉小明许多伟人、名人遭受过挫折，但他们能从挫折中很快地站起来。

在父亲的正确引导下，小明终于走出了挫折的阴影，他上课再也没有走神，思想也不再开小差。由于学习时集中了注意力，经过一段时间后，小明的成绩有了明显提高。

所以，家长要根据孩子学习不能专注的原因，采用相应的办法去帮助孩子改正，就能有效地提高孩子的专注力。

培养孩子的专注力，家长可以参考以下做法去教导孩子：

（1）视觉注意力训练

让孩子看一些照片或图片，并提出一些问题，比如给孩子看一张照片，让他说说照片里都有什么人，几个男的、几个女的、几个大人、几个小孩，他们每个人都在干什么等。让孩子观察的东西要不断地变换，不然他就会没有兴趣了。

（2）听觉注意力训练

给孩子讲故事，故事讲完之后要提问题让他回答。如果能够在讲故事之前就把要问他的问题提前告诉他，效果会更好。

（3）动作注意力训练

通过让孩子完成特定的动作来达到训练注意力的目的。比如教他做一些体操动作、舞蹈动作或一些游戏动作，都能达到这种效果。

（4）混合型注意力训练

实际上就是把眼睛看、耳朵听和动作结合起来，既训练了视觉、听觉，又训练了动作。这种训练难度大，可以边说边示范给孩子看，让孩子跟着做，比如说出一种行动，让孩子表演出来等。

获得成功的首要条件和最大秘密，是把精力完全集中于所干的事情上。学习时能高度集中注意力是所有成功人士的特征。

❹ 帮助孩子推开记忆的大门

据教育学家研究，同一堂课上，有的孩子学得多，有的孩子学得少。其原因有二，一是上课是否注意听讲，二是孩子是否具有良好的记忆力。而对于注意力同样集中的孩子来说，记忆力好的孩子，要比记忆力差的孩子学得多。

默默和明亮是同一个班级上的学生，他们学习都非常用功，上课也都专心听讲。可是，默默的学习成绩就是不如明亮。

据老师观察发现，原来是明亮的记忆力要比默默好得多。

那天，英语老师在黑板上写了五个短语，让学生们比一比，看谁能在最短的时间内，记住更多的短语，时间只有一分钟。

一分钟后，老师先问的是明亮，结果明亮将五个短语一字不差地都背了出来。随后，老师紧接着问默默，可是默默吞吞吐吐地才背出了三个。

默默兴趣最浓厚的课是语文课。一次语文课上，老师讲的是《古诗三首》，老师在讲解完后，让学生们速记三首古诗，时间仅为五分钟。谁知巧的是，老师先问的还是明亮，让人吃惊的是，他竟然三首全会背诵。当老师问默默时，默默费了好大劲才勉强背出两首。

可见，默默学习没有明亮好，就是因为在一定程度上他的记忆力没有明亮好。

第12课 求知

对于默默记忆力差的问题，有没有补救的方法呢？有，教育专家给出了明确的答案。据教育专家研究，记忆力的优劣，有先天的因素，也有后天的因素。记忆力差，是可以通过后天的培养改变的。

据意大利《晚邮报》报道，意大利的三名教授进行了这样的一项实验：他们挑选了一位记忆力中等的学生，让他每星期接受3~5天，每天一小时，背诵由3~4个数组成的数字训练。每次训练前，他如果能一字不差地背诵前次所记的训练，就让他再增加一组数字。经过20个月约230小时的训练，他最初能熟记七个数，以后增加到80个互不相关的数，而且在每次练习时几乎能记住80%的新数字，使得他的记忆力能同一些具有特殊记忆力的专家媲美。

可见，孩子的记忆力即使先天不怎么好，只要经过后天科学地培养和训练，也能拥有超常的记忆力。

据教育学家研究，学生要记忆大量的知识，如果不能科学用脑，认识记忆规律，效果将事倍功半，并且越来越没有信心。所以，培养孩子的记忆力，就要按认识记忆规律去培养孩子。

上述故事中的默默，在得到教育专家的指点后，开始用认识记忆规律来培养自己的记忆力。

他先是选择了一些需要背诵的课文，将背诵的对象调查一番。比较容易记，量又不多的文章，用整体背诵法去记，则一气呵成；内容很复杂的文章，则选择部分背诵法，一段一段地去背诵，逐段攻克。比如在记物理、化学、数学等公式时，他就采取整体背诵法，争取一次背下来，而对于语文中的文言文，他则化整为零，先一段一段地背熟，然后再整体背诵。

这样过了一年后，默默的成绩大幅提升，他已经成为可以和明亮一争高下的学生了。

可见，用认识记忆规律培养孩子的记忆力，效果是显著的。除此之外，可让孩子用想象去增强自己的记忆力，某幼儿园就是这方面教育成功的典型。

一天，幼儿园来了些外国客人，他们想看该幼儿园孩子的快速记忆表演。

幼儿园老师让每个来宾都在纸上写几个字、词或是短句。上面写的是：北极熊，把欢乐带给大家，图画，北京真好玩，他在唱歌，圆明园，舒展，写作文，真棒，活力，橙色的房子，巨大的潜力，会当凌绝顶，和平，高速公路，辽宁，小朋友祝你进步，朋友，砖头。这些莫名其妙的文字间毫无联系。

一个小男孩盯着桌子上的纸条，一声不吭看了两分钟，然后就开始背诵。

老师对大家说，咱们一定要热烈鼓掌，鼓励他。

小男孩一个接一个往下背。每说出一个，老师一定会伸出拇指，喊一声："太棒了！"大家也跟着鼓掌。很快，小男孩按照顺序一个不差全部背出来了。大家报以热烈的掌声。

随后，小男孩复述他编出来的故事：

"北极熊把欢乐带给大家，大家画图画，图画说，北京很好玩，好玩的字在说，他在唱歌，会唱歌的圆明园舒展了一下，写起了作文：真棒的活力盖了一个橙色的房子，房子有巨大的潜力，会当凌绝顶，顶了一万个和平。和平驶上了高速公路，撞倒了辽宁，辽宁说，你们是最了不起的小朋友，小朋友祝你进步，进步的朋友拿起了砖头。"

客人们大笑。

可见，运用丰富的想象力，是增强记忆力的好办法。只要保持一颗童心，能够充满想象力，每个孩子都可以拥有那个小男孩一样的记忆力。

培养孩子的记忆力，家长应该注意以下几点：

（1）常鼓励孩子以增强孩子的信心

孩子越相信自己，记忆的效果就越好。因此，父母应该经常鼓励孩子，帮助孩子树立起自信心。这不仅能对孩子的记忆带来帮助，更能增进孩子学习的兴趣，让孩子从畏惧知识逐渐演变为喜欢知识。

（2）用轻松的话题帮孩子缓解紧张情绪

在孩子开始记忆之前，父母可以谈一些轻松的话题，也可以开一些玩笑，这能有效地帮助孩子消除紧张和畏惧心理，不仅能大幅提高记忆的效率，更能增进孩子和父母的感情，增加孩子的学习动力。

（3）帮助孩子认识记忆规律

当孩子认为自己笨的时候，父母应当向孩子讲清楚记忆的规律，告诉他暂时的遗忘是十分正常的。认识规律，能让孩子摆脱自卑的阴影，正常发挥大脑的记忆功能，取得应有的效果。

（4）督促孩子及时复习

既然记忆后会遗忘，父母就应该及时督促孩子，在遗忘之前让他及时复习。这可以让孩子记忆得更加牢固，也可以让孩子对自己更有自信。父母应该让孩子算清楚一笔账——及时复习只需要很短的时间，而一旦遗忘，要再重新记住，就会十分困难。

（5）督促孩子随学随记

为了不让孩子等到快考试的时候搞突击记忆，父母可以把需要记忆的内容让孩子随学随记。可以每天晚上留一个小时用来记忆，第二天早上用半个小时复习。这样既能减轻总复习时的记忆量，又能帮助孩子把脑子里的知识融会贯通。

（6）用日常的问答来促进孩子的记忆

父母可以在日常生活中，随机向孩子提问，检查孩子记忆的牢固程度。需要注意的是，一次不可以提问太多，也不要总提重复的问题，一方面是为了加强随学随记的牢固程度，另一方面也是为了考查以前学过的知识还有多少印象。这两者的比例要安排好。

记忆力并不是智慧，但没有记忆力就没有智慧。那就打开孩子记忆的大门，放飞他们智慧的翅膀吧！

❺ 培养孩子持久学习的精神

学习是一件非常辛苦的事，也是一件需要持久坚持的事，所以人们常说学贵有恒，也因此荀子写下了"骐骥一跃，不能十步；驽马十驾，功在不舍"的传世名言。

王安石笔下的方仲永，生来天资聪颖，六七岁时就能够吟诗作文，并且别人指定物品让他写诗也能立刻完成，诗的文采和道理都有值得观赏的地方。一时之间，乡里乡亲都请他们父子二人到家里做客，并求诗文。

方仲永的父亲见有利可图，便不让仲永学习了，天天带着他四处拜访同县的人。等方仲永十二三岁时，王安石让他作诗，他写出来的诗已经不像样了。再过七年的时候，方仲永的才能已经消失，完全如同常人了。

第12课 求知

由此可见，生来聪慧的孩子，如果中断学习，他先前的才华，也只能是昙花一现，他也只能平庸地终老一生。

孩子的好奇心比较重，见什么喜欢什么，见什么想学什么，但是常常不能持久，所以培养孩子持之以恒的学习习惯，可以从他们的兴趣爱好做起。

一位小朋友和妈妈去阿姨家做客，发现阿姨家的钢琴挺好玩的，于是就要学钢琴。妈妈针对他以前学美术时耐性不够的缺点，一开始并没有答应他，只是常带他去看别的孩子弹琴，让他感受练琴时的辛苦和枯燥，让他知道练琴所需要的耐性和坚持。

除了这些，妈妈还给他讲了好多名人持之以恒而取得成功的事例，并且告诉他如果想和钢琴家一样能弹出优美动听的旋律就得付出代价。

接下来妈妈告诉他，如果要学就要坚持不懈，不能遇到困难就退缩。这位小朋友经过考虑，答应了。为了防止他坚持不下去，这位妈妈首先以身作则，每次都坚持同他一起去学，每晚都要在旁边鼓励他，遇到有难度的曲子时，还和他一起练，和他比赛，看谁能先学会弹。

如学到四手联弹时，妈妈就和他比谁的音阶和节奏最准，比谁的手形最好看。在学歌曲时，就让他自弹自唱，每次还为他评分，让他有种演奏家的满足感。

就这样自始至终，这位小朋友对钢琴都怀着极浓厚的兴趣，每周到老师家里学琴都很积极，每次都迫不及待地要求老师检查功课。正如老师所讲，这位小朋友是她所教学生中对钢琴最有兴趣、完成功课最好且一直能坚持下去的一个。

培养孩子持之以恒的学习习惯，可以激起他们学习的兴趣，让他们在兴趣中坚持，因为兴趣是最好的老师。

培养孩子持之以恒的学习习惯，家长应该注意以下几点：

（1）让孩子正确地对待学习中的挫折和困难

学习过程中难免会有挫折，一次考试的失利抑或一道难题，都是成功的绊脚石。告诉孩子学习是需要打持久战的，不可轻言放弃。

（2）让孩子在学习中戒骄戒躁

要孩子明白学习若骄傲自满，不能持之以恒，就会永远徘徊在成功的门外。只要在学习中排除一切不良的情绪，不被一时的冲动或成功冲昏了头，成功将会永远属于自己。

（3）让孩子在学习中体验快乐

不少孩子在学习中不能持之以恒，就是因为感觉学习太枯燥了。所以，家长应该想办法让孩子感受到学习是快乐的。

（4）让孩子对学习产生兴趣

兴趣是最好的老师，如果孩子对学习没有兴趣，一般都很难学下去，所以培养孩子的学习兴趣，是孩子学习持之以恒的重要因素。

学贵有恒，胜不骄，败不馁，坚持下去，成功就在眼前。

第 *13* 课

创 新

男子汉守则

敢于创新的人，才能争取到主动

"勤于动脑，敢于创新的人，才能争取竞争的主动。"这是西点军校毕业生、美国在线前首席执行官詹姆斯·金姆塞说过的一句话。

培养学员的创新性思维和创新能力是西点军校的一项重要教育原则，他们不断进行教学改革，采取研讨、争辩、独立作业、学员自己组织教学活动等形式，以克服学员性格上固守成规的弱点，培养他们的发散思维能力。

在西点军校，新生入学，教官都会给他们讲这样一个故事：

有个穷苦人，因为衣食上的拮据在上帝面前痛哭流涕，诉说着生活的艰苦：累死累活地卖力气，却挣不来几个钱。哭了一阵他开始埋怨起来："这个世界太不公平了，为什么有些人不出什么力气就能大鱼大肉，而我这么勤劳工作却吃不饱穿不暖！"上帝笑了，问他："要怎么样你才觉得公平？"穷苦人急忙说道："要是有人和我在相同的条件下，一起开始工作，他如果还能比我富有，我就没什么可说的了。"

上帝点了点头："好吧！"

话音一落，上帝让一位富人破了产，他现在和这个穷苦人一样窘迫。上帝给了他们一人一座煤山，挖出的煤归他们所有，给他们一个月的时间去改变生活。

两个人一起开挖，穷苦人平时习惯了体力活，挖煤对他来说就是小菜一碟，很快，他就挖了一车煤，拉去集市上卖了钱。然后，他把这些钱全都拿去买了美味的食物，给老婆孩子解馋。那个富人之前没干过重活，挖一会儿歇一会儿还累得头晕眼花。到了傍晚才勉强装满一车拉到集市上。他用卖煤的钱买了几个馒头充饥，留下了大部分。

第二天，穷苦人天微微亮就来到了他的煤山，开始挥舞起他粗壮的胳膊。那个富人早早就去了集市，没多久，他带回两个健壮的大汉，这两个人一到煤山就甩开膀子帮富人挖煤，而富人只站在一旁监督着。一天下来，富人运出了好几车煤，他除了给工人开工钱，剩下的钱还比穷苦人赚的钱多几倍。

第三天，富人如法炮制，又雇了几个工人来。就这样，一个月过去了，穷苦人只是刚刚挖开了煤山一角，而富人早就指挥工人挖光了煤山，赚了不少钱，他用这些钱再去投资，不久又发家了。

穷苦人从此再也不抱怨了。

"如果固化、错误的观念不改变，不满意的现状就无法改变。想要改变世界，就要首先改变你自己。"讲完这个故事，教官们会告诉学员这样一个道理。

西点军校特别注重培养学员的创造性意识，鼓励学员提出新观点、新概念、新思想。比如，美军当前正深入推行新军事变革，在作战理论上先后提出了"空地一体战"、"空海一体战"、"网络中心战"、"网络空间作战"等新的作战思想，就是这种创新思维的体现。

西点军校在教学中十分推崇培养学员三种精神：错误中学习和敢于犯错误的精神；敢于批判的精神；敢于"否定"或"革命"的精神。正是有这种容错和批判的精神，使得美军的军事科技、军事教育在各个历史时期的复杂竞争中，都保持着领先的地位。西点军校的教学普遍采用开放式、讨论式、教员与学员互动式的方法，注意调动学员学习的主动性，鼓励学员的自主创新精神。

家教承接：创新让孩子拥有超越常人的机会

❶ 不要忽略孩子心中的"大问题"

清朝的一位哲学家指出，成年人保持一定的"童心"是人生能够成功的前提。我们的观察也发现，过早就变得很世故的人往往不能成就大业。所以我们经常告诉许多父母，应该敬畏孩子，因为相对某些成年人而言，也许他们离真理更近些，因为他们至少没有迷信、偏见，只有一颗探索一切的晶莹透明的心！

如果读者仔细观察，肯定会发现一个有趣的现象：孩子们向父母询问的往往是"大"问题，例如：天有没有边？人是从哪里来的？有没有外星人？等等。其中有些问题甚至对今天的自然科学来说还是未解之谜。而我们成人所关心的往往是"小"问题：鸡蛋多少钱一斤？张三什么时候退休？李四"麻艺"怎么样？……

但是只对"小"问题感兴趣的成人却拥有"话语霸权"，于是他们中的不少人认为孩子们所关心的那些"大"问题是"瞎胡闹"，经常冷眼对之。有些身为父母的人甚至认为孩子应该像自己那样"世事洞明"、"样样精通"，成为"小大人"才是聪明的孩子。

这是一种荒谬的想法。例如，在我们成人世界，人们经常用"那个人太天真"来对某个人表示鄙视，天真成了一种缺点。然而在孩子的日常生活中，经常都会出现一些天真的言语或行为，例如孩子经常说"我要当科学家"、"我要当总统"，等等。

一般来说，孩子特别珍视他们这些天真的梦想，幻想对于孩子是一种珍贵的财富。心理学研究表明，这主要是心理暗示在起作用。当人们受到暗示认为自己将成为一个大人物的时候，就对自己产生了正面的暗示，长此以往就会在自己的心目中固化，形成一种正面的自我意象，最后就对自己的人生产生积极的影响，从而获得成功。

心理学和社会学都得出的结论是：没有一点天真的情感以及幻想的人是不会有太大成就的，对孩子来说更是如此。

有个小学生写了一篇作文，自己还拟了一个标题：苍蝇是从哪里来的？小作者在这篇不足百字的短文中说：他有一次摘下一个花朵，看见里面有许多小小的苍蝇，所以他认为苍蝇是从花里钻出来的。老师对这篇作文大加赞赏，这个小学生受到了鼓励，在后来的学习中勇于探索，成了一个很优秀的学生。

但是大部分"胡思乱想"儿童却不能像这个小作者这样幸运。即使在目前，很多人往往将这种作文视作胡思乱想，因为很多中国的父母是不懂得这种"古怪"想法的宝贵之处的。而在西方国家，这却是受到高度重视的。

事实上，想象力是人类智慧的第一缕曙光，缺少幻想的人生是苍白的！

然而孩子的想象力却常常遭到大人的嘲笑！

这是一件令人感到悲哀的事情：孩子的想象力就是在成人的误解中消失的！

人各有各自的兴趣与喜爱，不能勉强，也不应勉强。千百年来，我国有许多这方面的古训。通俗的如人们常说的"萝卜白菜，各有所爱"，就是说有的人喜欢吃萝卜，有的人喜欢吃白菜，彼此不要勉强。文雅一点的古训有："人各有志。"

一个人的不同兴趣爱好还可以表现在生活上的诸多方面。在休闲娱乐方面，有的人喜欢哼几句戏曲和小调；有的喜欢下棋或玩牌，等等。这些都是客观上存在的。你承认也好，不愿承认也好。在今天我们改革开放的多彩多姿的生活里，人的个性和兴趣得到较充分的发展，在服饰等各方面，也有了较大的自由，更是五彩缤纷。这些事情我们有些父母也逐渐开始认识，但是在对待子女上，他们则常常喜欢用一个陈腐的尺度来衡量。但这只是大人的事情，对小孩子不能有或不应有。

因而，在遇到这种问题时，父母首先就是要承认每个人可以有个人的喜爱和兴趣；其次就是尊重个人的喜爱和兴趣。发型、服装只要不是极为怪异，不是下流低级，就应该允许孩子自己选择。当然，在承认与尊重的前提下，父母还是可以进行适当引导的，培养孩子高尚的趣味和情操。

❷ 把淘气包的聪明潜力开发出来

孩子精力旺盛，不停地惹是生非，给父母带来了无尽的麻烦。对于这样的孩子，一般家长的教育策略就是：严加管教，然而这样做效果并不好。有的孩子越管越"皮"，处处和父母对着干，无法无天地淘气；有的孩子被家长管得老老实实，对什么都没兴趣，家长让做什么就做什么，失

第13课 创新

去了自己的个性。其实对淘气孩子的最佳管教方式是：在约束中纵容，但要注意引导孩子向好的方面发展，让孩子在淘气中学到东西。

有这样一个故事：有一个孩子非常淘气，好在他有一个开明的母亲，从来不会严厉地压抑他的天性。有一天上课时，一名女学生突然发出一声惊叫："蛇！"全班顿时炸开了锅，一片呼叫声。一些学生爬上了桌子，还有一些往教室外逃。年轻的女教师慌了手脚。这个孩子却镇定地趴在桌子底下，伸手一把抓住一条蜥蜴，往一个小纸盒里一塞放进书包，若无其事地坐到位置上。班主任老师把他叫到办公室狠狠批评了一顿，并找来了孩子的母亲。其他老师都反映：这个孩子是个淘气包，贪玩，常捉弄女同学，学习成绩不好。希望家长多配合学校对他进行批评教育。

母亲把孩子领回家，但并没有批评他。因为她知道就事论事随便下结论，不分青红皂白训斥批评，是教育者的大忌。沉默了一会儿，她心平气和地问儿子："为什么要抓蜥蜴，不怕它咬吗？"儿子说："它没有毒，不咬人。""是吗？你怎么知道的？""书上说的。""你什么时候抓到的？""四五天了。""这么久了，喂什么给它吃？""我没有喂它。书上说，蜥蜴饿急了会吃掉自己的尾巴，我想试一试，看看是不是真的。它至今还没有吃掉尾巴。"母亲笑着拍了拍儿子的肩膀，鼓励他把实验做下去，并告诉他如何做好观察记录，同时向他指出：不该将蜥蜴带到学校。两个星期后，儿子兴奋地告诉母亲："蜥蜴的尾巴不见了。"母子一起剖开蜥蜴，在肚子里找到了尾巴。孩子高兴得不得了。正在这时，市里要举行科技小发明小论文竞赛。母亲就鼓励孩子把蜥蜴实验的记录写成一篇观察报告，结果这篇报告获得了小论文二等奖。那天放学后，孩子把奖状端端正正捧在胸前，在同学羡慕的眼光里走出校门。

后来，同学们选他担任科技活动小组长，又成为班里的学习委员。

这个事例告诉了我们这样一个道理：淘气的孩子并不是一无可取，只要父母管教得当，孩子就会大有可为。

欧美很多国家对儿童教育的研究显示，淘气的孩子往往最具有坚强的意志力，而且通常很聪明。事实上，有时候孩子的淘气行为就是他具有开拓精神与创造力的一种表现。所以，父母应避免过分压抑孩子的反抗心理，顺势而为，开发"淘气包"的聪明潜力。

为了有效地开发淘气孩子的潜能，为了让孩子从错误中成长，专家给出了以下建议：

（1）引导孩子改过

接纳孩子已犯的错误，注重事后的引导，是十分重要的，并给予孩子改过的机会，使其从改过的过程中领悟出道理；否则，反正父母是不再给自己机会，也不再对自己存希望，还用改过吗？进步的效果也就达不到了。

"纵容"孩子淘气，并不等于对他们的过错不闻不问，否则，亦达不到启发孩子的效果。所以，给予孩子正确解释，让他们知道犯错误的原因何在，请孩子想想避免或改过的方法，从中学习。

（2）不要随便责骂孩子

责备孩子前，先站在孩子的立场设想一下，想想他们的能力、感觉。例如孩子吃饭时打破了饭碗。"饭碗太大了，你的小手不够大吧？""所以，吃饭时就最好不要东张西望、看电视啦！"孩子也就觉得父母替自己设想，不是完全责怪自己，会发出内心的自我反省，不再存心推卸，并尽力避免下次再犯。

（3）帮孩子分担一部分责任

替孩子分担一小部分责任，减轻他们的心理负担，亦有助于他们反省。在孩子年龄较小时，不应给予太多责备，目的只在于给他们认错及思考、汲取教训的机会。

需要注意的是，"纵容"孩子淘气，关键在于引导孩子，让孩子在淘气中有所得，若一味纵容孩子而不加引导，那就是溺爱孩子了。

❸ 鼓励孩子玩出花样儿来

孩子贪玩，是一个令父母感到头痛的问题。其实，父母们应该知道，玩是孩子的一种天性，是他们对周围世界感到好奇的行为表现，事实上，很多孩子往往是在玩耍中学到知识，加深对客观世界的认识的。哈佛大学著名儿童心理学专家组成的"发现天赋少儿培育计划"课题组，在对世界各地近3000名十岁以下儿童进行跟踪调查后发现，在被认为是聪明过人的孩子里，87%都有"强烈的好玩之心"。因此不要把你的孩子限定在你规定的"框架"里，"纵容"你的孩子开怀地玩耍吧，也许你会培养出一个好玩的好孩子。

徐宁从小就是个特别贪玩的孩子。每天放学后，徐宁不是拿着他自制的"捕虫器"到田野里捉虫子，就是带着其他几个孩子拿着一个放大镜到田间地头，观察庄稼的叶子。

有一段时间，父母对徐宁贪玩的行为十分恼怒，还多次没收了徐宁的一些玩耍工具。但这并不能阻止孩子的贪玩，徐宁总是有很多的"鬼点子"，今天玩耍的工具被没收了，明天他又能做出一个其他的玩耍工具。

老师说徐宁够聪明，只是没有把主要精力用在学习上，所以学习成绩平平。爸爸妈妈更是着急，不知道究竟怎么办才好！

小学毕业后，徐宁并没有考进"重点"中学，在一所普通中学里学习成绩也只是"中等偏上"而已。但徐宁制作航空模型的水平却是出了名的，他制作的航空模型不但在学校和市里获了奖，而且还参加过省级赛事。2002年，徐宁还是一名初三的学生，那一年在老师的指导下，由他设计的航空模型获得了全国大奖……

教育学家认为：对于孩子来说，玩是学习，游戏是学习，学习本身也是学习。事实上，我们也很难找到一个不喜欢玩的孩子！父母之所以害怕孩子玩，是怕孩子玩得太出格了，因此限制孩子玩。

一个懂得教育孩子、会培养孩子的父母，理应把陪孩子玩，当成亲子教育中最重要的一环。让孩子充当"玩"的主角儿，感受玩的乐趣，在玩中加深对世界的认识，这才是我们的任务。

在与孩子玩的过程中，父母可结合"玩"的内容，培养、引导孩子对事物的兴趣。比如，捉蜻蜓后，引导孩子观察蜻蜓的外形，看看它们各有什么特征，有什么相同和不同的地方，再把它们与其他种类的昆虫比一比，让孩子对自然界的各种小生物发生兴趣。

陪孩子玩，也是引导孩子开阔视野，开拓思维的好途径。比如，父母发现孩子喜欢玩汽车玩具，在陪玩中就可向孩子介绍不同种类的汽车，以后再带孩子去参观汽车展览会，扩大孩子的眼界，孩子会饶有兴趣地了解各式各样的汽车，在现实生活中和孩子一起观察汽车，获得更多的知识，启发孩子的求知欲望。

同时，玩也是培养孩子良好品德的有效方法。父母在陪孩子玩的过程中，可以针对各种情况进行品德的培养。如带孩子去公园，要教育孩子爱护花木，爬山时不怕苦、不怕累，摔跤了要勇敢，不要破坏文物等。带孩子看电影，就应跟孩子一起做个文明的观众，不大声喧哗，不乱丢果皮纸屑，等等。

为了帮助家长们更准确地运用纵容计，建议家长在三个方面多下功夫：

（1）观察孩子的喜好

对于贪玩的孩子，父母应该注意细心观察孩子爱玩什么，怎么玩……分析这样玩对孩子身心健康是否有益，是否妨碍和伤害到其他人的利益，是否对社会环境产生不良的影响等。千万不要不分青红皂白就对贪玩的孩子主观地横加干预。

（2）引导孩子去玩

贪玩的孩子兴趣爱好往往十分广泛，聪明的父母不是限制孩子玩，而是把孩子的爱好引向更科学、合理，有助于身心健康的方面。孩子如果爱好广泛又比较贪玩，他们往往玩起来认真投入，不能自制。父母应该怎样做呢？我们不妨看看下面这个例子：

小宇喜欢踢足球，放学后就在楼下的小路上踢。尽管场地狭小，仍然玩得汗流满面，还曾踢碎过人家的玻璃。后来父母分析，孩子喜欢踢足球是件好事，他在体育课中的长跑项目没有达标，而踢足球也是锻炼长跑的好机会。于是父母阻止了孩子在楼下踢球，而是在周末带他到学校的操场上去踢，这一下孩子玩得更尽兴了，这样做的结果既保护了孩子的兴趣，又弥补了体育课中孩子的弱项。

（3）帮孩子合理安排玩的时间

孩子的兴趣广泛，又得不到合理的安排，往往在玩的时候投入的精力多，占用的时间长，没有节制地玩，造成"贪玩"。改变孩子贪玩的现象，应该是父母帮助孩子合理地安排和选择"玩什么"、"怎么玩"和"什么时间玩"，使孩子能够在"玩"中受益。如父母不妨训练他的骑车、游泳等基本技能。有条件还可以经常带他们郊游、爬山、参观博物馆等。

孩子在"玩"的过程中不仅能开阔眼界，同时也能增长知识。因此家长应当鼓励孩子去玩，不要把孩子的一举一动都限制在框框里。

❹ 不要害怕孩子搞"破坏"

给孩子新买的电动车，被孩子拆得七零八落；爸爸旅游时带回来的工艺品小木船，也被孩子给"分解"成一块块碎木片……这几乎是每位家长都会遇到的情况，那么家长们在这种情况下通常会有什么反应呢？大声呵斥，耐心劝导？不，我们给家长的建议是您何妨纵容孩子一次，满足孩子的好奇心，让孩子在"搞破坏"中提高创造力，不也是一件好事吗？

希尔是个生活刻板严谨的人，做事情总是规规矩矩。但这么一个讲究纪律的人，却有一个最调皮捣蛋的儿子布鲁克林。

布鲁克林是个九岁的孩子，成天都在不停地动，不知疲倦地摔碎器皿，弄坏东西，惹是生非。他与他的父亲在个性上是两个极端，因此两父子之间的战争一天之中不知要发生多少次。

有一次，布鲁克林把舅舅送给他的望远镜拆开了，想看看里面究竟藏了些什么，这自然会招致他父亲的愤怒。不过，拆东西可算是布鲁克林最

第13课 创新

大的爱好了，凡是让他感到好奇的东西，都逃不过被拆的命运，当然因此他也没少挨父母的打骂。可是无论父亲怎么打骂，他的这个毛病始终也改不了。

还有一次，布鲁克林竟然把一块金表给拆开了，要知道这块表是布鲁克林故去的爷爷留下来的遗物，有七十多年的历史。希尔一直十分珍惜，总是带在怀里，从不离身。不久前表出了点故障，必须拿去修理，哪知还没来得及修，就被他这个调皮的儿子给翻了出来。现在这表被大卸八块，零件散落了一地。希尔立即暴跳如雷，一耳光将儿子扇得坐在地上，而且还准备再冲上去打他一顿。

然而妻子却拦住了他："请不要打了，你这样打孩子太过分了。"

希尔火冒三丈地说："不，这是他应得的！你看他把我的表弄成什么样子。"

"布鲁克林是弄坏了表，但是你认为一块表比自己的儿子更重要吗？"

这时，布鲁克林抽抽咽咽地辩解说："我没弄坏表……我只想帮你把它修理好……"

妻子在一旁气愤地说道："不管布鲁克林是修表还是拆表，你都不应该打他，恐怕又一个'爱迪生'就这样被你给'枪毙'了。"

希尔愣了一下，问道："我不懂你这话是什么意思？"

"孩子拆开金表，他也只是想知道金表里到底有什么，这是一种好奇心，这是有求知欲和想象力的表现，也是一种创造。如果你是一个明智的父亲，就不应该打孩子，而应该理解孩子，要给孩子提供从小就能够动手的机会。"

妻子的话给希尔很大触动，当天晚上他带着金表零件来到儿子的房间，在真诚地向儿子道了歉之后，主动提出和儿子一起修理金表。小布鲁克林原谅了父亲，并答应和父亲一起修理。在这个过程中，希尔才发现儿

221

子原来如此的聪明，手指也非常灵巧，他记得零件应该放在什么位置，甚至还能说出一些零件在手表中所起到的作用。

研究人员发现，手指活动灵巧的孩子，大脑的思维活动往往非常活跃。在手工活动中，孩子进行的拆装、粘接、装配等一系列动作，都要通过听、视、触等感觉系统传入大脑的运动区，再由大脑的运动区发出指令，不断地调整手的动作，这样反复循环刺激，能使脑细胞的功能得到加强，思维水平得以提高。因此，孩子在他们感兴趣的手工活动中，能够得到智能的发展。

遗憾的是很多父母在不知不觉中，总是以种种理由抑止孩子这一好奇心驱使下的美好天性。

家长在教育孩子时不要怕麻烦，认为孩子搞手工劳动要摊放材料、工具，弄得家里凌乱不堪；也不要怕孩子弄脏衣服、弄脏了手。父母不妨为孩子提供专门的衣服、擦手的抹布。至于孩子使用剪刀、针等危险工具，父母开始可以指导孩子使用，以后再逐步让孩子独立使用。这样既可以避免孩子初次使用时，受到伤害，也能达到训练孩子心、眼、手的协调性和灵活性的目的。实际上，在一些"破坏活动"中，只要注意培养孩子的一些好习惯，许多问题都可解决好。父母千万不要因小失大，使孩子失去锻炼自己的机会。

家长不仅要纵容孩子搞"破坏"，还要鼓励孩子把破坏掉的东西复原，这样才能使孩子动手的信心得到加强，有利于孩子创造能力的发展。

⑤ 让想象的翅膀带着孩子高飞

天空是飞机的世界,学习就像飞机在知识的天空中飞翔,而想象力就是飞机的翅膀,有了想象的翅膀,飞机才能够在知识的天空中飞翔。

达尔文从小就是一个想象力很丰富的孩子,他尤其热爱大自然,喜欢探险和采集各种标本。

他的父母对培养儿子的想象力很重视,总是想方设法地满足孩子的兴趣和爱好,鼓励他努力学习,探索真理,这为达尔文以后成为闻名于世的生物学家产生了很大的影响。

一天,小达尔文和妈妈一起到花园里种树。妈妈对达尔文说:"泥土是个宝,小树只有在泥土中才能长成参天大树。别小看这泥土,它能长出青草,青草又喂肥了牛羊,我们才有奶喝,才有肉吃;是它长出了小麦和棉花,我们才有饭吃,才能填饱肚子,才有衣服可以御寒。泥土太宝贵了。"

这些话,让小达尔文想到了一个问题,他疑惑地问:"妈妈,那泥土里能不能长出小狗来呢?"

"当然不能呀!"妈妈笑着说,"小狗不是泥土里长出来的,是从狗妈妈的肚子里生出来的。"

达尔文又问:"我是妈妈生的,妈妈是妈妈的妈妈生的,对吗?"

"对呀!所有的人都是他自己的妈妈生的。"妈妈微笑地回答。

"那最早的妈妈又是谁生的?"达尔文接着问。

"是上帝!"妈妈说。

"那上帝是谁生的呢?"小达尔文穷追不舍地问。

妈妈一时答不上来了。她对达尔文说:"儿子,世界上有好多事情对我们来说是个谜,你快快长大吧,这些谜需要你去解释呢!"

就这样,达尔文怀着想象,不断地去探索、追寻,最后他成为了闻名于世的生物学家。

如果达尔文没有想象力,那么今天的"进化论"也许就不会存在了。而达尔文的父母最成功之处,就在于支持儿子的想象力。

每个孩子都有自己独特的想象空间,不同的父母将挖掘不同的宝藏。所以,我们要让孩子拥有丰富的想象力,帮他们挖掘出最大的宝藏。

培养孩子的想象力,就应该支持和鼓励孩子的"异想天开"。现代速算法的创始人史丰收能有震惊世界的成就,就得益于他小时候的异想天开。

史丰收小时候总是主动地做一些"离谱"的事,说一些"异想天开"的话。他曾把死兔子放在炕上,想把它烤热救活,他也曾缠着大人问人死了为什么不能再活……

上幼儿园时,老师教孩子们写"大小"二字,史丰收却按照自己的理解将"小"字写成"十"字。老师给他纠正,说他写得不对,但小丰收不服气地辩解说:"'大'字两条腿向外伸得大大的,'小'字两条腿应该向中间缩得小小的,所以小应该写成'十'。"他的一番荒诞不经的解释让老师又好笑又好气。

后来,上了小学,在学四则运算的时候,史丰收提出一个"离经叛道"的问题:"运算时能不能从高位算起呢?"老师没有批评他问得奇怪,而是鼓励他说:"古今中外,几千年来都是从低位算起的,这是古人总结的经验,你要是有本事,也可以发明创造嘛!"

正是老师在课堂教学中站好了创新的制高点,对史丰收的成长给予了鼓励,才使他在那个特殊的年代,一直"异想天开"下去。他不但天天想、时时想,而且无论是吃饭时,还是在走道时,他都在想象着。长大后,他终于成了中国家喻户晓的名人。

由此可见,支持孩子的"异想天开",会使孩子在将来得到意想不到的收获。

培养孩子的想象力,家长可以参考以下几点去做:

(1)在游戏中提升孩子的想象力

游戏是孩子的主要活动,父母可以在孩子游戏时鼓励他们自己提出游戏的主题和内容,如果形成了习惯,孩子的想象能力就会迅速得到提高。

(2)让孩子多接触图画,包括多看和多画

父母应多带孩子观察大自然和多看知识性、趣味性强的图片,这些是孩子展开想象的立足点。在此基础上教孩子画画,鼓励其把头脑中想象的东西画出来。开始时,父母可以先画一些基本线条,告诉孩子要画什么,再让孩子根据自己的想象把画画完。孩子喜欢画画,父母最好不要代拟主题和内容,要让孩子想画什么就画什么,这样才能令孩子有广阔的想象空间。此外,父母可以画一幅未完成的画,让孩子想象并补画其余内容,构成一个完整的画面。

(3)多给孩子讲童话故事

童话故事适合孩子想象的特点,常常听童话故事的孩子的想象能力比不听、少听童话故事的孩子要丰富得多。最主要的是父母讲完后,让孩子马上复述。孩子可能在复述中有添枝加叶的地方，只要主题大意不变，父母就应该鼓励。千万不要泼冷水，以免挫伤孩子想象的积极性。父母给孩子讲故事，有时可讲到一定的地方不往下讲，引导孩子自己对以后的故事情节进行想象。

（4）让孩子进行"情景描述"

父母可以常常和孩子做这样的游戏，比如，父母说："这是一个下雪天，想想看是什么样子？"孩子根据他的想象进行描述。反过来，孩子也可以问父母："这是一个下雨天，想想看是什么样子？"此时父母应尽量认真细致地描述一番，从中给孩子一些启发。诸如此类的问题有很多。在想象时，孩子的水平会有差别，父母要引导孩子讲述更加丰富的内容，让孩子尽情地说出他的想法。即使他的答案很滑稽，甚至不合逻辑，都不要批评，唯有父母的倾听、接纳才能引导出孩子更好的答案。

想象力比知识更重要，因为知识是有限的，而想象力概括着世界的一切，推动着世界进步，并且是知识进化的源泉。严格地说，想象力是科学研究的实在因素。

第14课

正 直

男子汉守则

荣誉就是生命

　　西点军校拥有完善的荣誉制度。在这里，荣誉意识被狂热地推崇。因为，荣誉是职业军人的行为标志，也是军事生涯的重要组成部分。西点的基本教育方针指出：责任和荣誉是军事职业伦理观的基本成分，它们鼓舞并指导毕业生努力报效国家。荣誉起着某种完美观念的作用，这一作用既可以使爱国主义精神长存，又可以提供一种度量责任履行程度的天平。这无疑充分说明了荣誉在这三者之间的重要性，荣誉肩挑着责任和国家。

　　基于此，西点军校首创"荣誉委员会"，编写了"荣誉法规"，使学校的荣誉体系更加完备。其实，这个荣誉体系的道德律条并不复杂，这就是学员荣誉准则："不说谎，不偷盗，不欺骗，也不容忍同学中任何人有此种行为。"西点新生一入学，首先就要接受16个小时的荣誉教育，之后学员必须宣誓遵守学员荣誉准则，还必须准备使自己的行为符合军人品德标准，其中包括负责、自信、无私、勇敢、诚实、公平、自律、忠心和热心尽职。这些看似简单，实则很难做到。尤其是"不容忍同学中任何人有此种行为"，要求学员不但自己诚实，还要监督他人。例如，让两个学员同时在黑板上答题，对学员的考验是你必须独立完成，不能看旁人的答案。这点在西点培养方式中被称之为对荣誉的挑战，也是最难完成的。西点就是通过这些简单的活动让学员体会荣誉和诚实，并让他们透过简单事情背后蕴含的价值观去处理复杂的问题，让学员学会换位思考，多问自己"如果我做这件事时，是否对别人产生伤害？"

第14课 正直

学员在西点学习的四年，学校和教官会以不同方式将荣誉教育体系贯穿到学员的学习生活始终。目的就是让每一个学员逐步树立一种坚定的信念：荣誉是西点人的生命。

为了确保荣誉准则的遵守和道德教育的实施，西点军校在学员中成立了两个委员会——"学员军人品德委员会"和"学员荣誉准则委员会"，分别负责品德教育以及对违反荣誉准则行为的调查、裁决和提出处理意见。荣誉委员会一旦发现有违反荣誉准则的行为发生，就要组建"荣誉法庭"，展开调查审理工作。荣誉法庭程序规范，具有很强的可操作性，体现了广泛的代表性和充分的参与性，因而有很高的公信力，可以源源不断地为西点军校提供几乎是不可抗拒的荣誉道德规范和精神伦理力量。

正如西点毕业生菲尔将军所说的那样："在西点军校，荣誉制度是非常重要的。我认为，这一荣誉制度是西点军校不同于其他学校的关键所在。我非常珍惜这一制度，如果我们去掉它，我宁愿从后备军官训练团和候补军官学校接收陆军军官，而把西点军校忘掉。这就是荣誉制度的重要性。"

家教承接：孩子人格的完善是教育之根本

❶ 培养男孩做一个心胸宽广之人

据中国青少年研究中心调查发现，有近24%的孩子不会原谅过去欺负自己或是严重伤害过自己的人，可见当今有好多孩子没有宽容的心，他们总是斤斤计较。得饶人处且饶人，原谅别人，不仅能消释两人之间的隔阂，而且可能带来春天般的友谊。

李兵放学回家后，妈妈见他满脸怒气，便问原因。

"妈妈，你说要是报复一个人，又不被他发觉，用什么样的方法最好呢？"

"除了宽容之外，用什么样的方式都不好！"妈妈的话让李兵吃了一惊。

"为什么要宽容他？妈妈，今天上体育课打篮球时，吴伟利把我碰倒了，我自己花了好长时间才挣扎着爬起来。他没有扶我起来，却像没事一样继续打球。妈妈，这样的人怎么可以原谅呢？"

"儿子，体育场上难免会有这样的事情发生，对方不是故意的，就不要斤斤计较。"

"可是我不想原谅他。"

第14课 正直

"原谅有什么不好呢？你原谅了吴伟利，他就会因为你的宽容而对你充满感激，下次打球时，他就会注意不再发生类似的事情了。"

在妈妈的劝解下，李兵终于懂得了宽容的重要性，他彻底打消了报复吴伟利的念头。

后来，李兵和吴伟利成为了一对非常要好的朋友。

由此可见，得饶人处且饶人不仅是一种美德，也是冰释前嫌、搭建友谊桥梁的法宝。

孩子与孩子之间，难免会产生矛盾、误会，而宽容是最好的解决方式，所以告诉孩子要得饶人处且饶人。

孩子天性宽容，只是因为在后天的成长中沾染了不良的风气，才变得不宽容。比如，有的孩子从小就生长在一个不和睦的家庭，父母之间的争吵，以及父母对孩子过于苛责，从不肯宽容孩子，这些都会刺激孩子，使孩子形成心胸狭隘、遇事爱计较的习惯。所以，家长要注意自己一言一行对孩子的影响。

让孩子得饶人处且饶人，拥有一颗宽容的心，家长要注意以下几点：

（1）不让"坏种子发芽"

父母在发现孩子有不良的动机或是想法时，要帮助孩子消灭掉这些"坏种子"，使其无法生根发芽。因为与其在孩子发生不好的行为后再去教育、纠正，不如在发现孩子有不好的苗头时就帮助他改正，这样的教育将会收到事半功倍的效果。

（2）从正面引导孩子

父母发现孩子爱斤斤计较时，不能够放任不管，更不要鼓励孩子寸利必争，而是要及时对孩子进行正面的教育。

（3）帮助孩子克服心胸狭隘的坏毛病

在生活中发现孩子喜欢为一点小事就与人争、抢、闹时，父母要及时地制止孩子，并加以正确地引导，使孩子懂得心胸狭隘给自己带来的危害。

一个人的成就和他自己所拥有的气度和胸怀是分不开的。如果总是斤斤计较，就会什么也得不到，而那些心胸宽广之人，在宽恕他人的同时，也能够赢得他人的爱戴和信任。

❷ 让孩子成为一个正直的男子汉

孩子长大之后走向社会，要跟很多的人相处交往，所以，家长应该把教会孩子如何与人交往处世作为家庭教育的重要内容。为人处世最重要的原则是正直。生活中，正直的人是最受尊敬和欢迎的，人们也愿意与他们合作，他们遇到困难时，会有很多人愿意相助。这对提升生存能力和发展能力、更好地生存和发展是很有好处的。虽然孩子现在还小，但是家长还是应该早日让他们理解"正直"这个词，并且把它融入孩子的一举一动之中。

曾经有一个人，他有一个上小学的儿子，有一天，他发觉家里的钱莫名奇妙地少了几十块，怀疑是儿子偷偷拿去花掉了，于是就翻儿子的书包，果然从儿子的书包里翻出来了不少钱。他把儿子叫到面前问是不是他拿了家里的钱，儿子当然不承认。这位父亲一下子火了，他狠狠地揍了儿

第14课 正直

子一顿，说你在家里都有这样恶劣的习惯，以后到了社会上如何去做一个正直的人？挨了打之后，儿子承认了拿钱的事，痛哭流涕地悔过，并保证不再犯了。事实上，这件事情之后，他的儿子确实再也没有犯过类似的错误。

不过，事情的发展出乎人的意料！

有一天，他儿子放学之后跟几个小孩子一起踢足球，打碎了邻居家的玻璃，邻居出来找，他儿子就承认了，赔了人家玻璃的钱。这位父亲回到家里找儿子了解情况，儿子说玻璃是他打碎的，父亲就问都有谁和他一起踢球了。儿子一下就说出了好几个小孩的名字。他一听就火了，对儿子说："这么多人踢球，人家怎么知道玻璃是你踢碎的呢？"儿子说："本来就是我踢的嘛。"他听了更恼火，对着儿子吼道："你真笨！你就不会说不是你踢的吗？！那么多人，你不承认，人家能把你怎么的？！"最后，这位父亲还叹息了一句："我怎么生养了你这么一个缺心眼儿的儿子呀！"

很显然，这位父亲在教育孩子"正直"上采用了双重标准，这并不是明智的做法，一个真正正直的人永远不会用双重标准来要求自己以及教育孩子。如果父母能让孩子成为一个正直的人，对孩子的将来来说，等于给了他一生受用不尽的财富。一个正直的人是十分受人尊敬的。为了达到这个目标，家长必须始终注意自己的言行，要起到榜样作用。家长的一言一行，在潜移默化中影响着孩子品德的形成。家长勇于承认错误、承担责任、做事情公正公平，孩子自然也会受到这种品格的熏陶。所以，家长在孩子面前一定要起到表率作用。

当然，让孩子学会正直做人不是件容易的事情，但如果孩子身边最亲近的父母能深刻体会到"正直"的价值，并在实际生活中身体力行地引导，孩子自然就会慢慢模仿，逐渐具备正直的品性。对于孩子提出的问题，一定要认真坦率地回答，并且要敞开心扉听取孩子的任何建议，不要让孩子因为父母的期望而背离自己的真实情感。很多孩子不会表达"我不想那么做/我不要"的想法，所以父母要帮助他们自然地表达自己的想法和感情。这也是培养孩子正直品性的基础。正直如果成为了品性，深刻的潜在意识会帮助人们进行正确选择，同时思维的速度会加快，做事的效率也会提高。这就是"正直"给我们的礼物。

（1）在日常生活中对于孩子要多用正面教育。

比如，如果发现孩子有爱贪便宜的毛病，家长绝不能迁就，更不能姑息，应施加适当的压力，使孩子受到教育。如果家长坐视不理，孩子尝到了甜头，后果将不堪设想。

（2）父母一定要以身作则。

家长在日常生活中要时时注意自己的言谈举止，处处给孩子做出榜样。孩子由于心智发展不完全、自制能力较差，难以抵制新鲜事物的诱惑，家长面对这样的情况要多关心孩子，发现孩子有品行不端的行为要及时帮助改正，姑息迁就就是变相支持。

（3）家长要经常给孩子讲一些正直的人的故事，让孩子知道做一个正直的人是十分受人尊重的。

（4）家长可以让孩子解决一些类似的事情，让孩子体验如何公正公平地处理事情，并告诉孩子虽然有的时候可能不会让每一个人都满意，但只要做到公正公平了，你就不会受到内心的谴责。

（5）从小教导孩子不是自己的东西不能拿。

家长要经常教育孩子明辨是非，不属于自己的东西不要拿，随便拿人家东西是可耻的。家长要让孩子明白，从小就做一个诚实正直的人。每天尽量抽出时间跟孩子沟通，了解他的性格特点，孩子的合理要求家长要尽量满足，对于他提出的不合理的要求，家长要和他讲清道理，让他明白是非对错。

最后，家长要时刻观察和了解孩子，因为孩子的年龄还小，很多时候掌握不好正直公平的尺度，所以，家长要及时发现孩子身上存在的问题，及时地给予指导，并帮助孩子改正。这样，孩子就会逐渐被培养成为一个正直的人了。

❸ 诚实是男孩重要的德行之一

诚实是人的重要德行之一，拥有诚实的心性，心中一片坦荡光明，自然能够带领一个人步入成功的快车道。

世界上最早的通讯社——路透社是由保罗·朱利斯·路透创办的，可以说他的成功是因为他的诚实。

路透生于德国，十几岁时父亲就去世了，他在其叔父开设的银行帮忙。有一天，银行派他到鼎鼎大名的数学家高斯家中取款。

路透在回到银行仔细清点钱的数目时，发现高斯多给了300马克，这在当时算是一笔不小的数目。

为人诚实的路透急急忙忙地又去了高斯家，他恭敬地对高斯说："先生，你先前给我的钱的数目错了……"

由于高斯正在忙着一道公式解答，头也没抬地大声说："我是知名的数学家，就这么一点小小的数目，我会算错？况且我已经把钱交给你很久了，你现在还跑来跟我说数目不对……我们早已银货两讫、互不相欠了。"

路透只好说："好吧！既然你这样说，那你多给的300马克我不用还了。"高斯才知自己真的数错了。当然，最后路透还是将多出来的300马克还给了高斯。

正因为路透从小就养成了诚实的习惯，所以他日后能够以诚信为立业之本，从而也成就了一番平凡而伟大的事业。

但在生活中，许多身为父母的人不重视对孩子诚实个性的培养，而且父母自己本身就在说谎。

"知心姐姐"卢勤常常收到孩子们写给她的信，诉说他们对"说话不算数的父母"的意见。

一个男孩说："我爸说，只要我考试得了100分，星期天就带我去公园玩。我真的考了100分，爸爸却说他没有时间。"

一个女孩说："我妈说，写完作业就让我出去玩。我写完了，妈妈却不让我出去玩了，还让我做练习题。"

如果父母不诚实，一次次"说话不算数"，失去了孩子的信任，也就失去了自己在孩子心中的威信。父母失信于孩子，会让孩子觉得，一个人说话可以不负责任，答应了的事也可以不办，于是在父母的影响下自己也会养成不守承诺的坏习惯，长大以后就会因为"失信"而失去朋友，更失去大家对他的信任。

作为父母，教孩子诚实的最好办法就是自己能言必信、行必果。说话算数、说到做到的父母，会使孩子重视他们所说的每一句话，从小就学习父母"有令必行"的行事风范，从而养成诚实的习惯。

培养孩子的诚实，没有比信任孩子更好的办法了。前苏联伟大的教育家马卡连柯非常注意对孩子的信任，他认为，信任可以培养孩子的诚实。

有一次，马卡连柯派一个曾经是小偷的学生去几十里外取一笔数额不小的钱。这位学生曾经是小偷，在同学的眼中被视为另类，没人与他来往，他非常渴望得到信任。接到马卡连柯的任务后，这位学生简直不敢相信这是真的，他问马卡连柯："校长，如果我取了钱不回来了，你会怎么办呀？"

马卡连柯平静地回答："这怎么可能？我相信你是一个诚实的孩子，快去吧！"当这位学生把钱交给马卡连柯的时候，他要求马卡连柯再数一遍。马卡连柯却说："你数过了就行。"于是，随手把钱扔进了抽屉。

事后，这位学生是这样描述自己的心情的："当我带着钱回来时，一路上我都在想，要是有人来袭击我，哪怕有十个人，或者更多，我也会像狼一样扑上去，用牙咬他们，撕他们，除非他们把我杀死！"

马卡连柯就是运用信任的方法培养了这位学生的诚实。所以，要孩子诚实，就要信任孩子，把信任交给孩子，这样就会很好地培养孩子的诚实品质。

培养孩子的诚实，家长应该注意以下两点：

（1）观察孩子，有的放矢地教育

孩子不诚实的行为一般比较隐蔽，家长如不重视是不易发现的。如有的孩子偷偷地拿别人或集体的东西，有的孩子说了假话，这些现象未经严密观察就不会被发现，从而错过了教育机会。家长发现孩子有不诚实行为后，应该按照孩子的年龄和心理特点分析其原因，然后采用相应的教育方法。

（2）用诚信的故事引导孩子

给孩子讲名人诚信的故事，教育孩子诚信是做人之本，教孩子做一个守信用、负责任的人。面对社会上的拐骗、欺诈等行为，家长要立场鲜明地表示反对态度，让孩子辨明是非、美丑。

诚实是做人的基本准则，诚实的人在社会上会受人欢迎和敬重，人们都喜欢与诚实的人交往、做朋友。

❹ 从小培养男孩谦让的品格

谦让是人类美好的道德品质之一，是人生前行的一张通行证，是幸福微笑的一包催化剂，是和谐相处的充要条件。

某个幼儿园老师决定要奖赏孩子们每人一个苹果。但那些苹果有大有小，要怎样分配才不至于导致争议呢？老师把这个"难题"留给了所有的小朋友。

小朋友们各抒己见，向老师提出了很多分苹果的办法。正当大家争论不休的时候，一个小朋友默默地来到老师面前，把桌上最小的苹果拿走了。

其他小朋友一看，都纷纷拿那些小的苹果，很快苹果就在大家互相谦让中分完了。

拿到苹果的每个孩子都美滋滋的，尤其那些拿到小苹果的孩子，虽然苹果不怎么好，但是心里笑得很甜。

第14课 正直

小朋友们为了能分配好苹果，开始争论不休，可是当一个小朋友谦让后，小朋友们纷纷效仿，问题便迎刃而解了。可见，谦让是和谐的充要条件。

谦让往往使孩子与人无争，显得胸怀大度；谦让是打开别人心灵的窗口，能帮助孩子赢得朋友。

体育课上，老师发给每个学生一个纸球，让学生们先自己练练，然后再教。大家随即一哄而散，玩得不亦乐乎。

就在这时候，只见两个学生站在操场一角，正在抢一个球。老师感到很诧异，心想不是每个人都有一个球吗，怎么还会抢起球来呢？

老师于是来到两个学生身边，问他们原因。原来他们都嫌另一个球不好，报纸露出一点来了，都认为那只形象好点的球才是自己的。两人都不愿意去拿那只"坏"球，所以才会抢起来。

老师明白了原因，可是那只"坏"球是谁的呢？其实谁都不知道。于是，老师就鼓励其中一个谦让，可是谁都不谦让。

就在这尴尬的时候，另外一个学生拿着纸球过来了。他有礼貌地对老师说："老师，我可以用这个纸球，换那个纸球吗？"

老师微笑地点了点头。当这个学生把他的纸球正要交给那两个学生时，那两个学生恍然明白了什么。

其中的一个说："谢谢你，我看我还是用这个球好一些。"这个学生捡起那个"坏"球说："是你让我明白了什么是真正的好球。"

谦让能够融化隔在人和人之间的冰雪，能够使人赢得朋友。所以培养孩子，就要培养孩子谦让的品德。因为谦让并不是人生来就有的，而是后天培养出来的。

培养孩子谦让的品格，家长可以参考以下几点：

（1）在集体中培养孩子的谦让意识

培养孩子的谦让意识，让孩子了解集体与个人的关系，把自己从"我"的概念中解脱出来。应该让孩子从小懂得，大家生活在一起，他需要的别人同样也需要，同样有享受的权利，不能一人独占，要想着别人。例如，吃东西时，让孩子学会愉快地把大的、好的给爷爷奶奶、爸爸妈妈，把小的、不好的留给自己，使他懂得谁最辛苦谁就应该得到更多，自己不是家庭中的"功臣"。

（2）家长要注重言传身教

模仿是孩子的天性，家长应该在日常生活中潜移默化地对孩子施以积极的影响。带孩子坐公共汽车时，家长在车上看见年迈的老人和抱小孩子的妇女，便主动起身让座。这虽然是生活中的小事，但在孩子幼小心灵中进一步增强了尊老爱幼和谦让的意识。

（3）用多种手段、途径培养孩子的谦让品行

通过多种手段和途径，使孩子学会"谦让"语言和动作，促进孩子的谦让行为。孩子年龄小，受知识和生活经验的局限，语言发展不成熟，不能完整地表达谦让的意思，他们常常只知道谦让就是好，但是在什么情况下要让又不明白。所以，父母应先讲明为什么要谦让，对什么样的事要谦让，然后通过游戏、行动等来创造条件，帮助孩子学会谦让。

宽容、谦让的人具有宽阔的胸怀，他们往往有自信心，有坚定意志，有远大目标和理想，为人开朗、豁达、礼貌。他们对别人的宽容、忍让出自一种高尚的情操。

第14课 正直

❺ 留住孩子善良和同情的天性

善良是人类最美好的品德之一。儿童心理学家研究表明：善良和同情是孩子的天性，但如果在后天没有得到及时的培养，那么他的善良与同情心就会逐步消失。所以，孩子拥有一颗善良的心的关键在于家长的正确引导和培养。因此可以说，父母是孩子善良和有同情心的最直接的播种者。

一天，一个小男孩在自家的院子里玩耍时，见院门口站着三位老人，便上前对老人们说："老人家，一定走累了吧，请进屋歇歇吧！"

"我们不能一起进屋。"老人们说。

"为什么？"小男孩好奇地问。

一位老人指着同伴说："他叫成功，他叫财富，我叫善良。你现在进屋问问你父母，请他们商量一下，看看需要我们当中哪一位？"

小男孩进屋后，把老人的话原原本本地告诉了父母。

"孩子，你快去把善良老人请进来。"父亲毫不犹豫地对儿子说。

"爸爸，您不是还欠着老爷的租金吗？您不是没有钱送我上学吗？"小男孩轻声地说，"我可以把财富老人请进家吗？"

"不行！孩子，善良比财富、成功都重要，你快去请善良老人吧！"父亲斩钉截铁地对儿子说。

小男孩听从了父亲的话，来到院子里，礼貌地对老人们说："善良老人，请您到我们家做客吧！"

善良老人起身向屋里走去，另两位叫成功和财富的老人也跟着进来了。

小男孩和他的父亲感到很奇怪，便问成功和财富："两位怎么也进来了？"

"哪里有善良，哪里就有成功和财富。"老人们回答说。

这虽然只是一个寓言故事，但却说明了善良的重要性。教育孩子与人为善，从小要有一颗善良的心，这是父母必须做到的，因为善良是伦理道德范畴中最基本的概念。这一概念的具体体现就是善行和善举，就是对社会和他人做一些符合道德要求的事情。

许多父母常常忽略了对孩子进行善良品性的教育，他们一味溺爱孩子，或者是自己本身的道德品质就不高尚。父母不好的品质也会影响孩子，使孩子在成长的过程中逐渐失去爱心、同情心，而变得冷漠、自私。因此，在教育孩子要与人为善的同时，父母也应该以身作则，要对他人有善心、同情心。

培养孩子善良的品德，家长还应该注意以下几点：

（1）用"与人为善"的小故事感化孩子

教育学家研究，教育孩子的最好方法是给孩子讲故事。当孩子进入故事情境中时，他就会不自觉地去衡量每个人物。用"与人为善"的小故事感化孩子，可以说是比较好的方法。

（2）培养孩子的同情心

生活中，父母应该注重培养孩子的同情心，特别是对处在逆境中的人要表示自己的关心，并给予必要的帮助。同时，父母要提醒孩子，如果他漠视别人，在他人遭遇困难时袖手旁观，或是避而远之，就不会赢得人们的喜爱。更为重要的是，在自己遇到难处时，也不一定有人帮助，因为没有人喜欢和一个冷漠的人打交道。

（3）教孩子乐于帮助别人

愿意帮助别人的人，才能获得别人的帮助。将恩惠与友善多带给周围的人，使别人从我们身上得到益处。这样，在自己身处险境时，也会得到他人的帮助。父母要提醒孩子，"勿以善小而不为"。因为再微不足道的善事，都能给他人带来好处和帮助。有时，受到我们恩惠的人，也会将恩惠施与我们。所以，不要吝啬你的关怀，你付出什么，就会收获什么。

生活中，一些真正的行善者都是真诚的、道德品质高尚的人，这些行善者的心是宽容的，他们待人厚道，心灵质朴，因此常能获得人们真正的友爱。一个人有了善良的心，他也会受到生活的眷顾；有了善良的心，他的思想也就纯洁无瑕，就不会做出奸诈险恶的事情，因而也不会受到外界的不良诱惑。